股市掘金

科技创新板块股票投资指南

股震子◎编著

中国宇航出版社
·北京·

图书在版编目（C I P）数据

股市掘金. 科技创新板块股票投资指南 / 股震子编著. -- 北京 : 中国宇航出版社, 2020.1（2020.9重印）
ISBN 978-7-5159-1746-7

Ⅰ. ①股… Ⅱ. ①股… Ⅲ. ①创业板市场－股票投资－中国－指南 Ⅳ. ①F832.51-62

中国版本图书馆CIP数据核字(2019)第301524号

策划编辑　田芳卿
责任编辑　吴媛媛　　装帧设计　宇星文化

出版发行　中国宇航出版社
社址　北京市阜成路8号　　邮编　100830
(010)60286808　　(010)68768548
网址　www.caphbook.com
经销　新华书店
发行部　(010)60286888　　(010)68371900
(010)60286887　　(010)60286804(传真)
零售店　读者服务部
(010)68371105
承印　三河市君旺印务有限公司
版次　2020年1月第1版　　2020年9月第2次印刷
规格　710×1000　　开本　1/16
印张　13.25　　字数　187千字
书号　ISBN 978-7-5159-1746-7
定价　39.00元

本书如有印装质量问题，可与发行部联系调换

挖掘科技创新板块中的金矿

（代序）

股票价值与投资价值不同。很多绩优股都是有价值的，但若股票价格远远高于内在价值，就不再具有投资价值。换句话说，投资价值是相对于股票价格而言的。当股票价格出现低估时，进场买入，并在股票价格高于内在价值时，择机减仓。当然，这是从价值投资角度而言的。在市场上，游资或短线资金更偏向于炒作具有热门概念的股票，有些股票不仅没有投资价值，可能连基本的内在价值都缺乏。站在短线投机的立场，追涨这类股票没有问题，但若想长线持股，则必须从股票的内在价值出发，寻找那些具有长线投资价值的股票。

投资者需要在某一极具潜力的行业中选择具备较强竞争优势，并在可预见的未来能够持续保持优势地位的企业，同时，以尽可能便宜的价格买入该企业的股票，这是我们选择股票的基本逻辑。科技创新板块就是这类极具潜力股票的汇聚之地。从某种意义上来说，科技创新板块是一个关乎未来盈利的板块。目前这一板块中盈利能力最强的几家公司，如阿里巴巴、腾讯、百度，虽然没有在A股上市，但是未来也有回归A股的可能。作为投资者，需要运用一定的分析方法，在A股市场挖掘下一个阿里巴巴、腾讯与百度。

科技创新板块的股票诠释了投资的风险与机遇。一方面，这个板块可能孕育出很多技术创新企业；另一方面，由于技术的更迭，很多绩优股不久后就有可能变成淘汰的对象。因此，投资者在研究这一领域的股票时，不能拘泥于书中所提及的领域或个股，而应努力掌握股票价格的分析方法，善于挖掘未被发现的绩优股。

即使投资者选到了绩优股，也不意味着无论何时买入这些股票都会盈利。投资者可以按照书中给出的估值方法，结合市场行情对股票价格做出大致的预判。对于想要长期持有这些股票的投资者而言，最好的买入机会往往是熊市来临时。也就是说，当股价开始大幅走低时，逐步建仓并长期持有，才是一种较佳的选择。

当然，有时候投资科技创新类股票并非都像看起来那么美好。随着技术升级的步伐越来越快，很多科技产品的生命周期大幅缩短。一家企业的主打产品能够为企业持续创收的时间越来越短，可能今天是新潮产品、明星产品，明天就成为被替代和淘汰的对象了。这就为投资者选择和投资科技创新类股票提出了更高的挑战。

在科技领域，没有永远的赢家，只有永恒的创新。即使是一家霸主企业，若创新能力稍有不足，也有可能转眼之间被淘汰出局。科技行业的竞争就是如此残酷。

由于篇幅和笔者的精力有限，不可能对科技创新板块的个股一一做出分析，所以只能选取一些有代表性的股票进行研究，另外，这些股票并不一定是板块中最佳的投资标的。需要提醒的是，作为普通投资者，在研究投资标的时，只能假定我们所获得的数据是真实的、可信的。

本书仅供研究使用，并不构成投资建议。

目 录 CONTENTS

第一章

投资科技创新板块，就是投资未来

党的十九大报告提出“加快建设创新型国家”，并指明了方向：2035年基本实现社会主义现代化，我国经济实力、科技实力将大幅跃升，跻身创新型国家前列。科技创新能力已经成为衡量一个国家社会实力的重要指标。因此，A股市场的科技创新类股票受到了资金的青睐。

第一节　科技创新，未来的投资主线

没有永不过时的技术。一项技术被推向前台，便会有另一项技术被替代。科技不断进步，创新精神永不褪色。在投资科技创新类股票时，不要死守一项技术，要用创新的思维、发展的眼光看待整个科技创新领域。

一、抢占科技制高点，赢得未来

2016年8月，国务院印发了《“十三五”国家科技创新规划》的通知，明确了“十三五”时期科技创新的总体思路、发展目标、主要任务和重大举措。纲要明确指出：“十三五”高新技术企业营业收入要达到34万亿元，知识密集型服务业增加值占国内生产总值（GDP）的比例达到20%，全国技术合同成交金额达到2万亿元。

随着国家对科技创新的重视，企业在科技研发方面的投入也不断加大，特别是2018年爆发的中美贸易摩擦，使很多企业认识到，只有科技自主才能不受制于人。对于中国来说，中美贸易摩擦就是一场科技战。美国能够制约中国的更多的是其拥有的科技实力，包括软件知识产权、电子元器件，特别是芯片等高科技产品。这场贸易摩擦也让国内企业认清了一个现实，即企业营收再高，也只是企业变大了一些，并不是变强了。只有掌握核心技术，才能成为真正的强者。在中美贸易摩擦中，华为的表现堪称惊艳，原因就在于华为掌握了核心技术。

目前，国内企业掀起了科技自主化的浪潮，在芯片、电子元器件、互联网软件、人工智能、5G 等领域，越来越多的企业和资金参与到高科技产品的研发与生产之中。大家都清楚，谁抢占了科技制高点，谁将赢得未来。

在众多科技创新企业中，华为、大疆等企业都是典型的标杆型企业，但两家企业并未上市，普通投资者无法对其进行投资。投资者可以从 A 股市场寻找优秀的科技创新企业，海康威视就是其中之一，如图 1-1 所示。

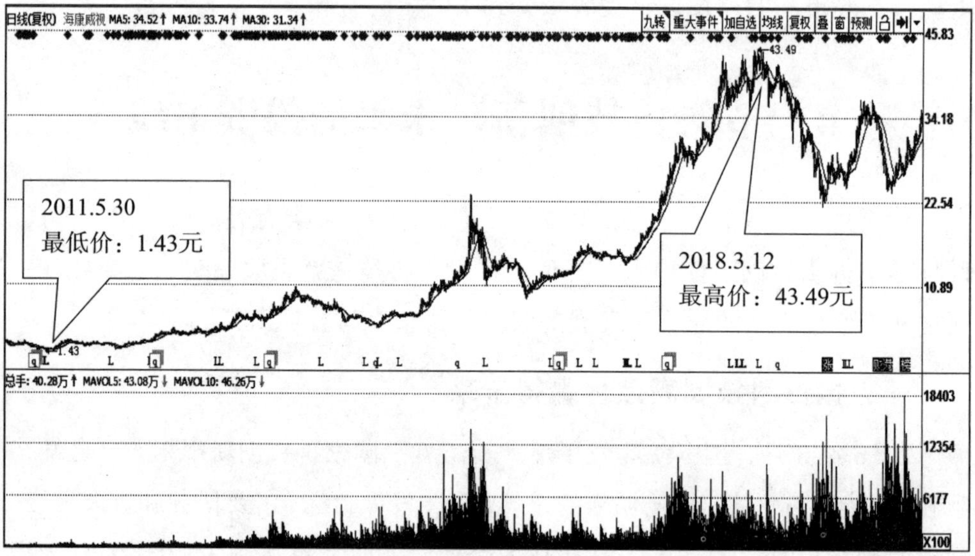

图 1–1　海康威视（002415）日 K 线走势图

海康威视是电子行业中一只典型的绩优股，也是很多基金的压仓股，后面章节还会对其进行详细介绍。从该股的日 K 线走势图中可以看出，该股股价自 2011 年到 2018 年的 7 年时间里上涨了 30 余倍。由此可见，一只科技创新领域的绩优股多么受市场欢迎。

一个极具发展潜力的行业＋业绩持续增长的企业＝股价持续上涨的超级牛股，这是股市中永恒的等式。

当然，有些投资者可能提出反面案例，一些短线暴涨的妖股，尽管没有业绩支撑，也会上涨10余倍。不过，投资者若将该类股票的日K线走势图放大，可以发现，这种没有业绩支撑的暴涨注定只是“昙花一现”，根本不具有可持续性，也不需要普通投资者特别是倾向于价值投资的投资者关注。

二、与时代衔接的行业

科技处于不断升级与换代之中，新的产品层出不穷。昨天可能还是科技领头羊企业，今天就可能走下坡路，明天可能会退出市场，就像大家熟知的手机产品一样。在手机刚刚问世的年代，摩托罗拉、诺基亚何等风光，然而，时至今日，又有多少人还在使用这两个品牌的手机呢？放眼望去，苹果、华为、三星等品牌占据了绝大多数的市场份额。

创新成了时代的主旋律。一些科技巨头为了不被时代抛弃，不停地在研发方面投入资金和人力，新兴科技产品、新兴技术层出不穷。比如，一些电子产品、可穿戴设备、互联网产品等不断推陈出新，让消费者目不暇接。如果大家去市场上看看，就会很容易看到时代的变化，无论大街小巷还是商场、饭店，随便一个收银台或者摊位旁都放有收款二维码，消费者只需用手机轻轻一扫，即可完成付款。这在以前都是不可想象的。大量新兴产品、新兴技术的出现，为科技创新企业提供了众多机会。比如，科大讯飞就是其中一个比较典型的企业，如图 1-2 所示。

科大讯飞是一家智能语音及语言技术研究、软件及芯片产品开发企业。从其主营业务就可以看出，这是一家与科学技术结合非常紧密的企业，其人脸识别系统以及语音支持系统在国内市场占有较高的份额。尽管该公司当前的经营效益并没有消费类股票和医药类股票那么漂亮，但其股价还是从 2012 年到 2017 年的 5 年内翻了 10 多倍，由此可见资金对其的追捧程度。

图 1–2　科大讯飞（002230）日 K 线走势图

三、备受资金青睐的行业

从短线来看，股价的涨跌都是由资金推动的。投资者不会无缘无故地推升一只股票的股价，他们一般会选择未来上升潜力较大，或者比较有故事的股票来操作，这样容易让跟风资金接盘。正因如此，一些题材较佳的股票才会被一轮又一轮炒作。在众多炒作题材中，很多都源自科技创新板块。在政府大力推进科技创新的背景下，资金也比较热衷于从中寻找合适的炒作题材，如可穿戴设备、物联网、云计算、自主可控、国产操作系统、5G、人工智能、印刷电路板、芯片与半导体等。中国软件的日 K 线走势如图 1-3 所示。

中国软件是一家从事软件生产和提供相关服务的企业。2019 年，中国软件开发的自主可控的国产操作系统以及相关软件成为社会关注热点。作为国产软件行业的代表企业，中国软件获得了大量资金的青睐。在 1 个多月的时间内，中国软件的股价翻了 1 倍有余。

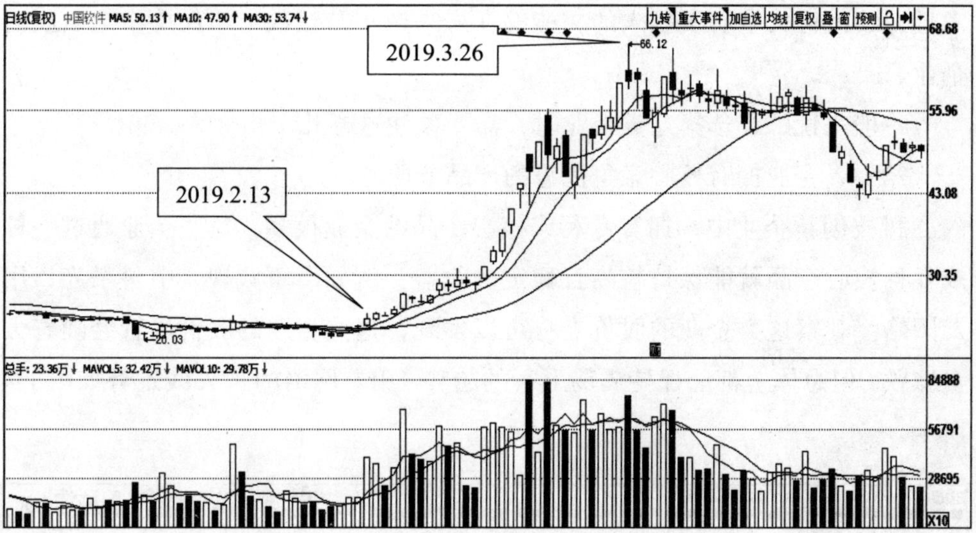

图 1-3　中国软件（600536）日 K 线走势图

第二节　科技创新板块，未来的超级牛股集中营

对于实行不同交易策略的投资者来说，都可从科技创新行业的股票中找到心仪的操作标的。

一、长线价值投资

长线投资成功的关键点有两个：其一，找到合适的投资标的；其二，选准最佳的入场时机。科技创新行业的很多典型企业获利能力都比较强，都比较适宜进行价值投资。

也就是说，投资者在实施长线价值投资时，需要关注以下两点。

1. 找到合适的标的

尽管科技创新行业代表了未来的发展方向，很多技术实力较强的企业都会保持较为稳定、快速的发展，但无论多好的草地都会有瘦马，任何科技都有过时和被替代的可能。投资者要想做长线投资，需要选择那些握有核心技术且持续进行大量研发投入的，能够在未来数年乃至数十年保持稳定发展的企业。

一般来说，在选择这类企业时，需要关注这样几个指标。

第一，企业拥有核心竞争优势的产品或服务。

科技创新企业中，拥有专利或核心产品的企业很多，这些企业通过一种或几种核心产品就能保持较高且稳定的收益，例如海康威视、中科曙光、用友网络。观察这类企业的股价走势可以发现，这些企业的股价尽管会随着大盘涨跌，但总体上都能保持震荡上行的趋势。用友网络的日K线走势如图1-4所示。

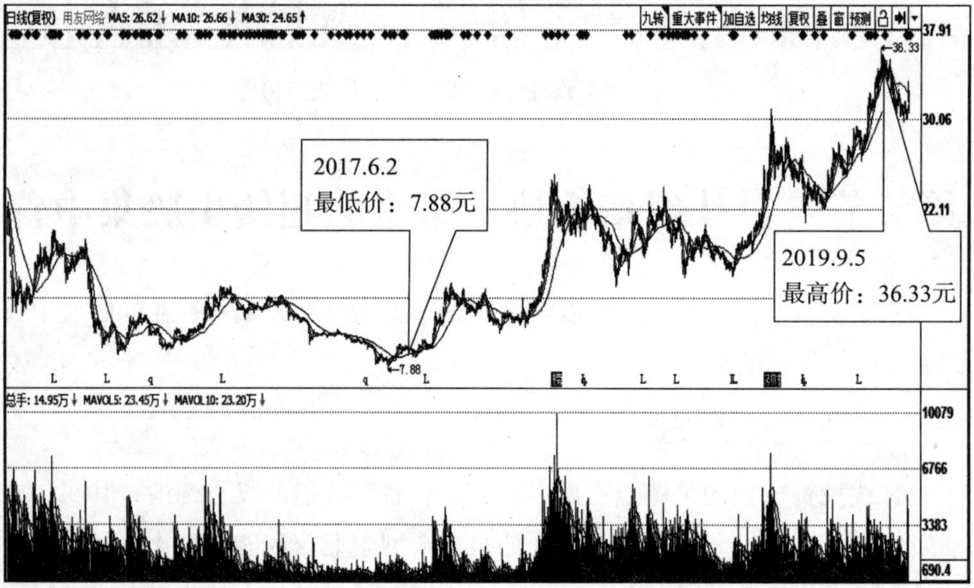

图1–4　用友网络（600588）日K线走势图

用友网络作为计算机应用这一细分领域的绩优企业，在ERP和财务软件领域具有较高的品牌知名度。其ERP和财务软件拥有较高的市场占有率，议价能力和对上下游的控制力较强。业绩近年来取得较快增长，说明该股的成长性较佳。

该股自2017年6月2日的7.88元低位（复权后）启动上涨，至2019

年 9 月 5 日到达 36.33 元的位置，上涨了 4 倍有余。

第二，持续的研发投入。

科技创新行业是一个相对比较特殊的行业，科技创新企业想要立于不败之地，必须持续地进行研发投入，通过研发投入换取技术成果和新产品。不可否认，当前的科技创新行业存在着本末倒置的现象，即很多科技创新企业在研发方面投入的资金很少，但在营销方面的投入十分惊人。当然，这并不是说不应该在营销方面多一些投入，况且从现实的情况来看，这些在营销方面投入较大的企业，短期内获利都较为丰厚。不过，科技创新企业要想长期保持获利能力，归根结底还要有源源不断的新产品上市，特别是那些具有开创性的新产品。比如，华为在强大的背后是连续多年高额的研发投入，正是因为这些研发投入，才使得华为的技术储备和新产品储备十分雄厚。另一家科技巨头海康威视每年的研发投入也十分惊人。

从世界范围来看，国际知名科技企业的研发费用都十分惊人，比如芯片巨头高通每年的研发投入占总营收的 22% 以上；Facebook 的研发费用占比也达到了 21%。国内的科技企业，普遍存在研发投入规模低和研发费用占比低的问题。未来能够在科技创新领域保持长盛不衰的，一定是那些肯在研发方面投入的企业。

第三，持续增长的业绩。

这是价值投资的一条硬指标。持续稳定增长的业绩，是股价上行的基础和保障，无论有多少新产品或核心优势，若不能将其转化为现实的利润，都是没有意义的。投资者所选的投资标的，在过去 5 年中至少要保证有 20% 左右的平均净利润增长率。当然，也要允许目标企业在某一年度因某些特殊原因导致净利润下滑，价值投资需要关注的是企业的长期发展。

科技创新行业的股票在业绩增长方面具有几个特点：一是，由于新产品或新技术的研发时间较长，更新速度很快，从长期来看，企业的业绩可能存在一定的波动，且波动幅度很大，但只要企业的研发实力仍在，内在的业绩增长逻辑仍在，就认可将其看成较佳的投资标的；二是，很多企业的每股盈利数额相对较低，致使市盈率较高，但只要企业的净利增速够高，就可以弥补市盈率高的问题。

2. 选准最佳的入场时机

长线价值投资，绝不是任何时候买入，然后长期持有这么简单。从历史经验来看，即使是极具投资价值的绩优股，也会随着大盘的涨跌出现起伏走势，有些个股还会因为某些特殊原因，短期内出现快速下跌的情形。其实，这也为投资者进行长线价值投资提供了绝佳的入场时机。

第一，大盘大幅下跌时。

尽管具有较高投资价值的股票价格会明显强于大盘，而且能够穿越牛熊，但并不意味着会一直上涨。当大盘下跌时，特别是出现非理性的暴跌时，那些具备较佳投资价值的股票也会随之大幅下跌。当然，这些股票下跌的时间和幅度都要小于大盘，一来是这些股票具有的投资价值会吸引资金入场抢筹；二来这些股票都有很多大基金驻守，很少会出现长期的非理性下跌。从另一个角度来看，非理性下跌时往往是入手这类股票的最佳时机。

下面来看立讯精密与上证指数日 K 线走势对比，如图 1-5 所示。

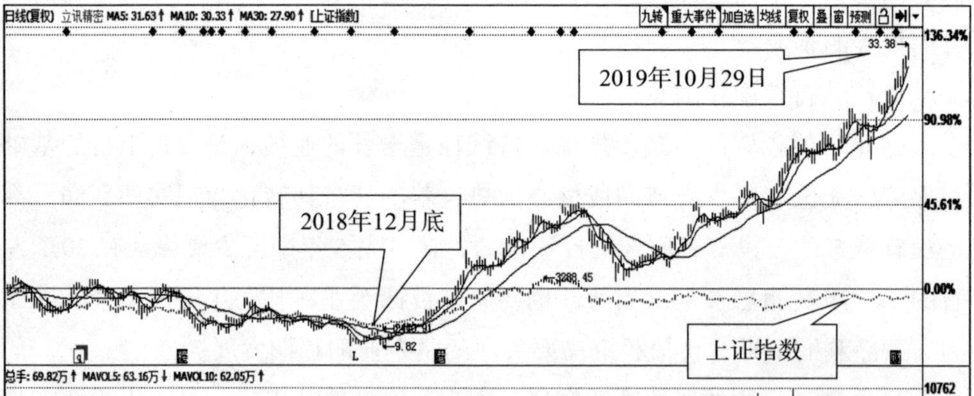

图 1–5　立讯精密（002475）与上证指数日 K 线走势对比

立讯精密作为一家以连接器生产、研发和销售为主要业务的公司，随着产品技术的不断提升，其客户群已经囊括了苹果、华为等科技巨头。观察该股的日 K 线走势图可以发现，这只股票的股价上涨过程中，也会随着大盘的下跌大幅走低，不过随后就会被拉升起来，并超越先前的高点。例如，2018 年下半年，立讯精密的股价随着大盘的下跌出现了长达半年的跌势。不过，其后与大盘走势出现了分化，当大盘在底部震荡时，立讯精密开启了一波修复走势，并在 2019 年 10 月下旬不断创下新的阶段高点。到 2019 年 10 月底，该股股价已经比 2018 年年底翻了 3 倍有余。在 2018 年年底，股价随着大盘触底反弹时，就是入手该股的最佳时间。当然，其后该股也随着大盘出现了几次大幅下跌，这也是买入该股的良机。

第二，个股遭遇黑天鹅。

黑天鹅，是指很难在事先预测的且不寻常的事件。在股市中，黑天鹅通常是指一些对个股或行业破坏力十足的事先无法预测的事件。2018 年下半年，中美贸易摩擦延伸至科技领域，美国多次对中国科技企业进行制裁，导致科技板块黑天鹅事件频发。不过，在众多黑天鹅事件中，投资者需要理清几个真相：其一，该事件到底会给企业带来多大损失；其二，该事件是否足以摧毁整个企业；其三，该事件能否改变企业的营运模式或获利能力。对于足以摧毁整个企业的黑天鹅事件，当然要避而远之。而对于一些对企业短期业绩造成冲击，但并不会影响企业发展路线的黑天鹅事件，则要仔细分析，因为很多大牛股最佳的入场时机就是出现黑天鹅事件的时候。

中兴通讯曾经也是一只超级大牛股，2018 年 4 月中旬，美国政府宣布对中兴通讯进行制裁，并实施出口禁令。对于中兴通讯来说，中断了核心元器件的供应，企业整个生产经营活动都将面临停滞状态。美国政府的禁令就是一只黑天鹅，此后，该股股价出现了断崖式下跌，如图 1-6 所示。

2018 年 4 月 16 日收盘后，媒体披露了美国政府对中兴通讯的制裁措施，从次日起，中兴通讯停牌接近两个月。6 月 13 日复牌后，中兴通讯直接以跌停价开盘，此后又连续拉出了多个一字跌停板，股价直接从 30 元左右的位置下跌至不到 12 元。其实，对于想长期持有该股的投资者而言，此时无疑是一个较佳的入场时机。到了 2019 年，中兴通讯的股价又重新回到 30 元以上。

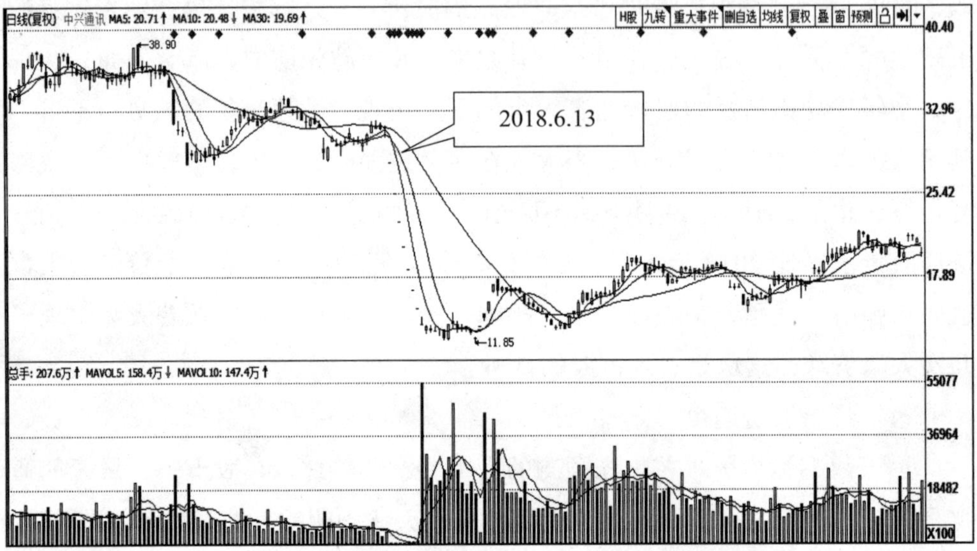

图 1–6 中兴通讯（000063）日 K 线走势图

二、中期波段交易

中期波段交易主要是建立在技术分析基础之上的交易模式。对于大多数股票来说，中期波段交易属于比较理想的交易模式。从历史经验来看，科技创新股多为成长股，这类股票上涨趋势和下跌趋势一旦确立，可能都会持续一段时间，这就为投资者进行中期波段交易提供了机会。

中期波段交易可以回避股价下跌带来的损失，并将股价上涨的收益最大化。不过，波段交易也存在一定的难点，即波段低点和高点的认定。通常情况下，投资者识别波段高点与低点可以借助以下几项技术指标。

第一，K 线形态。

在股价运行至阶段顶部或底部时，K 线往往会呈现出典型的顶部形态和底部形态，如 M 顶、W 底、头肩顶、三重顶、头肩底。出现这些典型的 K 线形态，往往能够预示阶段顶部或底部的到来。

如图 1-7 所示，歌尔股份的股价在 2019 年年初随着大盘的上涨出现了一波震荡上升走势。从 2019 年 3 月中旬开始，该股股价在日 K 线走势图中出现了明显的横向盘整走势，并逐渐形成三重顶形态，这属于典型的顶部形态。

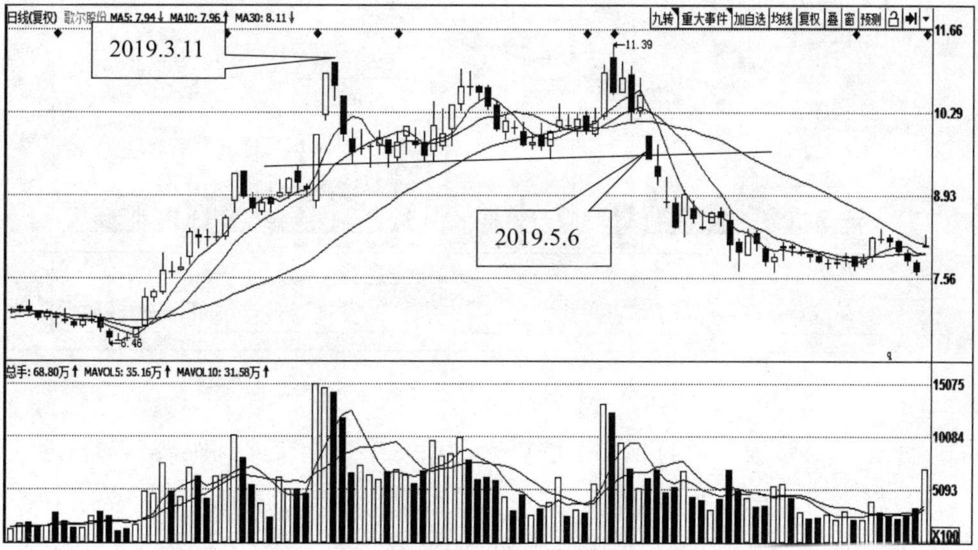

图 1–7　歌尔股份（002241）日 K 线走势图

投资者若想进行中期波段交易，则可考虑在股价跌破三重顶颈线时执行卖出操作。2019 年 5 月 6 日，该股股价向下跌破了三重顶的颈线，这意味着该股可能会出现一波调整走势，投资者可考虑减仓或清仓。待股价企稳反弹向上时，再重新加仓。

第二，技术指标形态。

除了 K 线形态外，一些技术指标也能在指引投资者进行中期波段交易方面提供参考。在众多技术指标中，MACD 指标是比较经典的一种指标，而且其高位死叉与低位金叉对指示股价进入阶段高点和低点方面具有显著的优势。

如图 1-8 所示，光弘科技的股价在 2019 年下半年随着大盘的企稳反弹出现了止跌企稳迹象。2019 年 6 月 19 日，该股股价小幅上涨，MACD 指标出现了低位金叉。

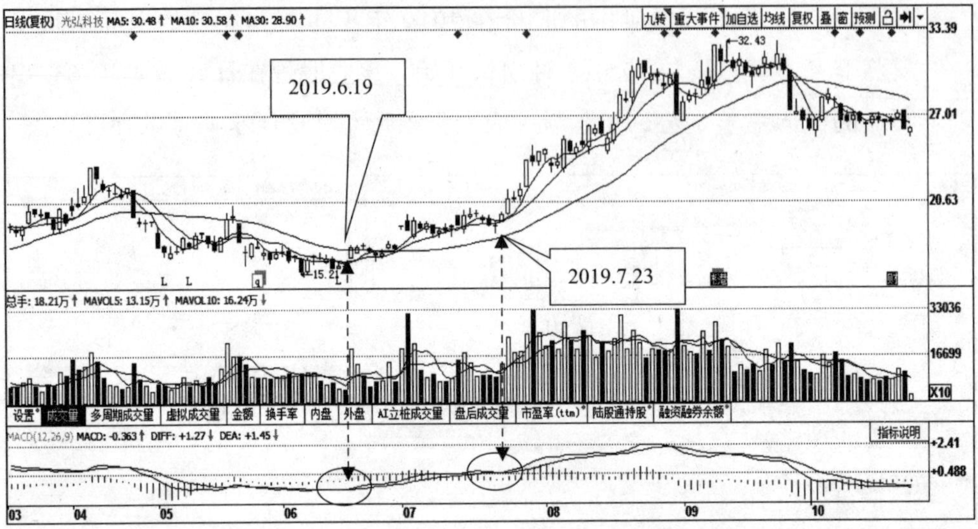

图 1–8　光弘科技（300735）日 K 线走势图

该金叉是该股股价自顶部下跌以来的第一个黄金交叉，距离 0 轴较远，因而投资者可考虑先少量建仓。其后，该股股价出现了震荡上扬态势。在股价回调整理过程中，MACD 指标中的 DIFF 线回落至 DEA 线附近，死叉将成而未成，其后 DIFF 指标线重新上攻，说明股价将重新发动上攻走势，投资者可考虑加仓买入该股。

其后，该股出现了一波快速上升走势。

第三，背离形态。

背离形态也是一种能够帮助投资者判断股价触顶或触底的技术形态。通常情况下，出现背离形态时，往往意味着阶段底部或顶部可能会来临，但并不能准确预测当前是否就是顶部或底部，这主要是因为背离形态有时出现一次后股价就会出现反转走势，而有时要两次或三次背离后股价才会反转。

背离形态包括股价与成交量的背离以及股价与技术指标形态背离（如股价与 MACD 指标背离）等。量价背离，即当股价创出一波新的高（低）点时，成交量却没有同步创出新高（低）。按照一般的理解，股价与成交量同步上升（下降）时，属于比较正常的量价形态，当量价出现背离时，往往意味着股价的上涨（下跌）趋势无法持续。

如图 1-9 所示，深南电路的股价在 2019 年年初出现了一波震荡上扬走势。该股股价上涨过程中，成交量也同步放大。

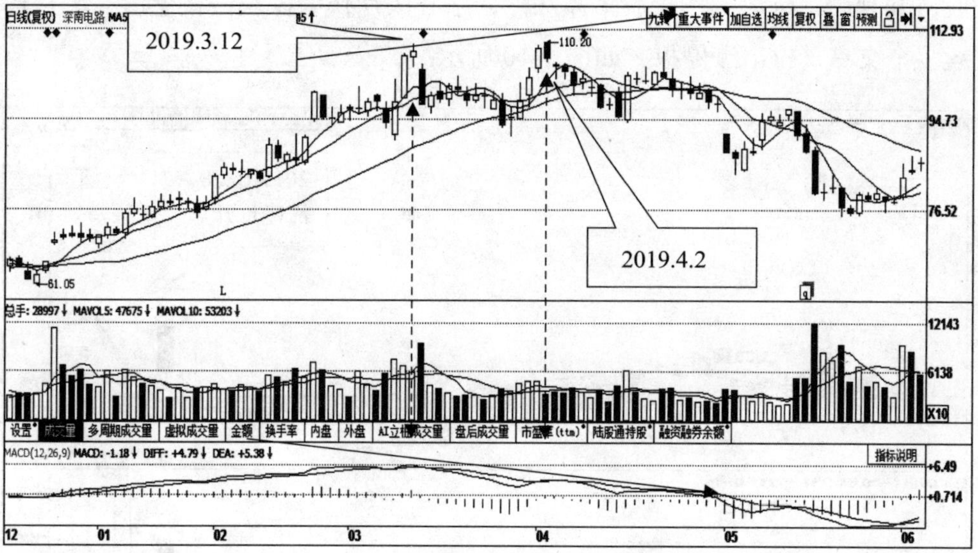

图 1–9　深南电路（002916）日 K 线走势图

2019 年 3 月 12 日，该股股价创出阶段高点时，成交量与 MACD 指标在此之前创出新高，此后，随着股价的调整，成交量与 MACD 指标同步萎缩。

2019 年 4 月 2 日，深南电路的股价再次创出阶段新高，而此时的成交量相比前一个高点萎缩了很多，MACD 指标的高点也低于前一个，至此量价背离形态和 MACD 指标背离同步出现，预示着股价上升趋势有终结的可能，投资者可考虑执行减仓操作，待出现更为明显的看空信号，则可清仓。

三、短线概念投机

股市从来不缺乏短线暴涨股，这些暴涨股无一不与热门概念有关，而科技创新行业本身又是一个能够不断创造故事和热点的行业。短线投资者深度挖掘科技创新行业，就能提前布局、参与一些热点题材的炒作。近些年来，科技创新板块比较热门的概念包括物联网、区块链、云计算、大数据、芯片、国产操作系统等。由于科技不断发展，还会有更多概念被提及和炒作。

2019 年 10 月 25 日晚，媒体披露，2019 年 10 月 24 日中央政治局集体学习了区块链技术发展现状与趋势。10 月 28 日（26 日和 27 日是周六日，休市）股市开盘后，区块链概念股集体涨停，乐心医疗作为区块链概念股，更是连续多个交易日拉出涨停板，如图 1-10 所示。

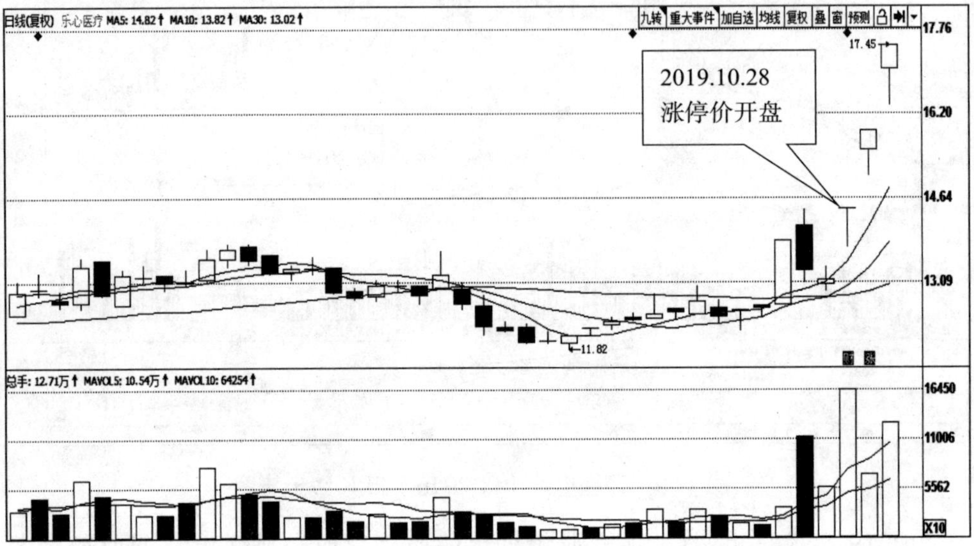

图 1-10　乐心医疗（300562）日 K 线走势图

第二章

审视科技创新产业

在目前科技强国的大背景下，科技创新产业面临着前所未有的发展机会，但同时也存在诸多困难和挑战。

第一节　科技创新行业面临的机会

作为一个永不过时，又实时更新换代的产业，科技创新行业未来面临着前所未有的发展机遇。这种历史性的发展机遇与以下几方面因素密不可分。

一、新一轮科技革命

回顾人类发展历史，其实就是一部生动的科技革命史。从远古时期的石器时代到铁器时代，完全是一次科技革命。近代的几次科技革命，将人类利用自然的水平推升到了前所未有的高度。从以铁路和蒸汽机为代表的第一次科技革命，到以电气为代表的第二次科技革命，再到以信息技术、原子能、空间技术和生物工程为代表的第三次科技革命，每一次的科技革命都会产生和孕育一系列新的机会，并诞生一些伟大的企业。眼下所进行的又是一场全新的科技革命，如人工智能、3D 技术、基因技术，都是比较有代表性的领域。与此同时，每项革命性的技术出现后，总会带动一大批相关产业的发展。比如，人工智能技术的发展，将会极大地改变一些行业和社会的生产运作方式。

从以往的经验来看，科技革命发生过程中，一切都处于更新与升级换代之中，身处其中的企业无论是否愿意，都将参与其中，要么成为科技革命的推动者或变革者，要么成为科技革命的牺牲品。

机会就在那里，关键看你能不能把握住！

二、创新，获得更大的发展空间

在十九大报告中，创新被列为引领发展的第一动力。国民经济进入新常态后，既需要新的需求拉动，也需要科技创新的带动。正因如此，近年来，科技创新被反复提及，而创新型企业、创新型项目也更容易获得社会和资本的支持。

近年来，各大风投机构主要的投资方向是具有开创性的项目。据有关机构统计，最近 5 年风投机构投资的项目中，涉及最多的行业分别为互联网、IT、娱乐传媒、金融、电信及增值行业。在这些行业创业的企业，多数都是具有鲜明创新特点的企业。毕马威发布的《风投脉搏》给出的数据显示：2018 年，中国风投交易额达到 705 亿美元，相比 2017 年的 461 亿美元，足足上升了 52.9%，由此可见社会资金对创新项目的支持力度，也体现了这些资金对创新项目的信心。

与此同时，阿里巴巴、百度、腾讯、京东等大型科技巨头也纷纷在科技创新领域布局，力求引领科技行业的发展。

三、核心技术突破迫在眉睫

自 2018 年开始的中美贸易摩擦，让我们更加认清一个现实，即核心技术的重要性。

技术攻关迫在眉睫，这也为很多科技创新型企业提供了一次跨越式发展的契机。谁能率先在受制约的领域取得技术方面的突破，就可能享受技术壁垒带来的红利。基于此，很多大型企业纷纷发布了雄心勃勃的科研攻关计划，比如芯片领域、国产操作系统领域、核心电子元器件领域，各创新企业都在行动。

四、新的消费需求孕育新的机会

万事万物彼此关联，又互相促进。在新的科技产品刺激下，新的消费需求不断产生，新的消费需求又会推动科技创新行业新的发展。举个简单的例子，互联网行业的发展，加强了人与人之间的沟通，使得即时通信行业快速发展壮大。随着即时通信行业的发展，消费者新的消费需求又出现了，于是一批又一批新的机会出现了。在支付宝和微信支付出现之前，根本没有人用过二维码付款。当支付宝和微信支付普及后，二维码付款似乎就是一种必然。

随着人工智能、物联网、云计算等行业的发展，必然还会使消费者产生新的消费需求，从而催生新的机会。

第二节　科技创新行业概述

从广义上来看，科技创新行业涵盖的范围非常广泛，特别是很多传统行业与新技术、新科技结合，产生了诸如新材料、高端制造等新兴行业。由于篇幅限制，本书重点研究以电子科技和信息技术为基础的科技创新行业。本书介绍的科技创新行业包括的典型领域如图 2-1 所示。

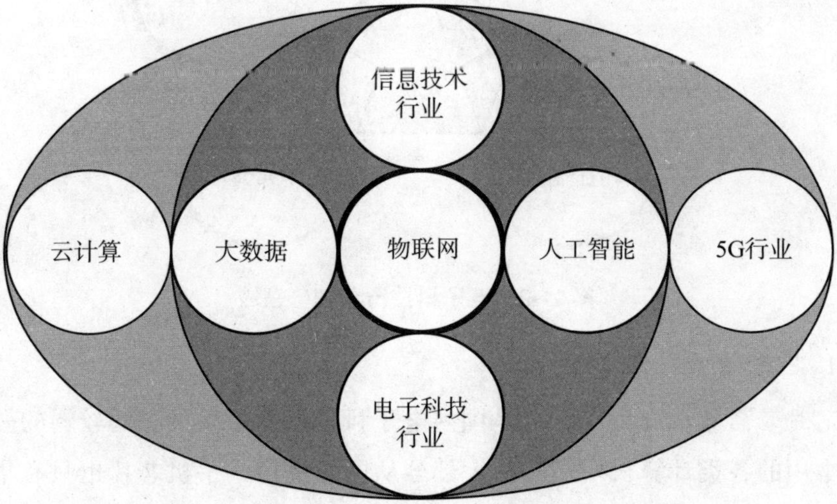

图 2–1　科技创新行业细分

一、电子科技行业

电子科技行业属于信息科技、互联网以及大部分新兴技术产业的基础性支撑行业。无论信息技术如何发展，人工智能如何发展，都离不开最基础的半导体芯片和基本的电子元器件、电子材料等行业。目前，信息技术、人工智能、5G、大数据、云计算等领域发展势头非常好，但恰恰是最基础的电子科技行业中诸如芯片、核心电子元器件、高端电子材料等领域落后，限制了新兴行业的发展。换句话说，新兴行业的发展，离不开电子科技行业的强大。

目前，电子科技行业的分类标准并不统一，涉及的具体细分领域也有所不同。本书从股票投资的角度，将电子科技行业划分成 5 个类别，如图 2-2 所示。

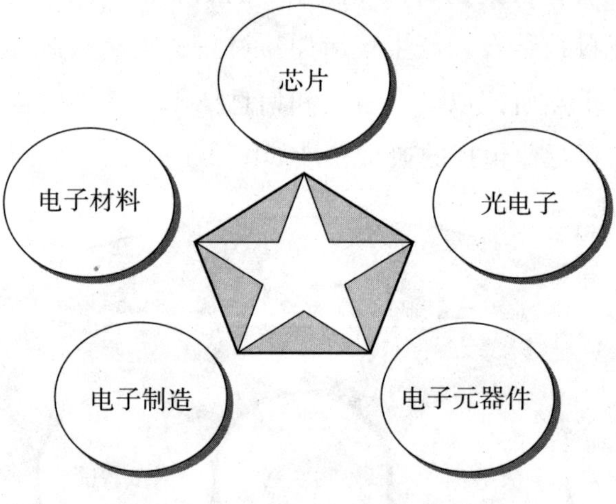

图 2–2　电子科技行业细分领域

1. 芯片

芯片（含集成电路）行业是国内电子科技行业中发展相对较弱的一个领域。常用的各类计算机所用芯片大部分从国外进口，手机芯片也只有华为海思、清华紫光等企业能够生产。大部分手机企业所用芯片也是从国外进口的，一些智能家电或其他电子产品的芯片国产化程度相对高一些。

2. 光电子

一般情况下，金属表面在光辐照作用下发射电子的效应统称为光电效应，发射出来的电子叫作光电子。目前，光电子的应用十分广泛，从新能源到光通信，从光存储到光显示、光感应，再到激光产业。未来科技行业的发展离不开光电子行业的发展。同时，在光通信等核心技术领域，国内企业的技术实力仍与国外发达国家相差甚远。

3. 电子元器件

从电子元器件的定义来看，芯片（含集成电路）也是电子元器件领域的一个分支。但由于芯片太特殊，所以单独提出来了。电子元器件实质上是由两个分支构成的，其一为电子元件，其二为电子器件。目前，元件与器件的界限也开始变得模糊了。电子元器件领域与芯片领域相似，很多企业生产所需的核心电子元器件方面，国产化水平很低，特别是有一些电子元器件，国内可能很难找到供应商。

4. 电子制造

电子制造涉及的领域非常广泛，这里主要是指一些电子消费产品及其配件、附属产品的制造。该领域也包括一些为知名厂商代工的电子产品生产企业。中国作为世界工厂，在电了制造方面优势非常明显。

5. 电子材料

电子材料领域也是一个让国内电子科技企业头疼的行业。该领域中的一些高端电子材料国产化率很低，特别是一些尖端电子材料，几乎都被外资巨头垄断。未来，要想打破国外企业的垄断，国内企业需加大技术攻关的力度。

二、信息技术行业

信息技术行业被认为是第三次科技革命的代表性产业，其发展早已步入了一个新的阶段。在本书的分类中，信息技术行业有 4 个细分领域，如图 2-3 所示。

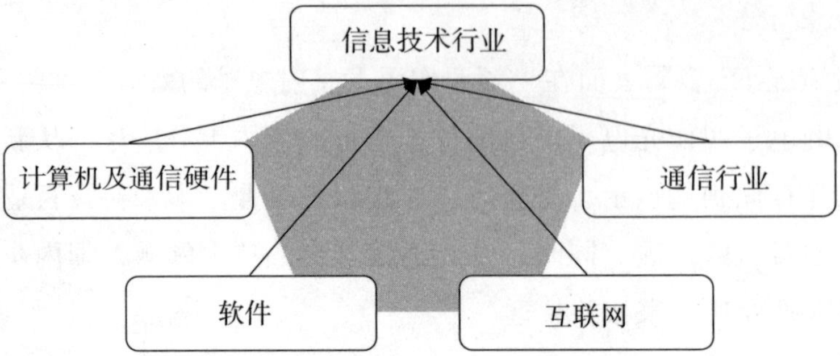

图 2-3　信息技术行业细分领域

1. 计算机及通信硬件

该领域属于信息技术的硬件领域，包括计算机产品、服务器、存储器以及通信设备等细分领域。这里的计算机产品主要指商用计算机和超级计算机，而非普通的个人电脑。

2. 软件

软件是信息技术行业中非常重要的一个细分领域，是指一系列按照特定顺序组织的计算机数据和指令的集合。常见的软件产品包括系统软件，比如我们常用的微软操作系统，也包括各种应用软件，比如经常使用的 QQ、微信等。目前，国产软件以应用软件为主，在操作系统领域还是由国外企业占主导地位，如微软。正因如此，大力发展国产操作系统，必然成为一种主流趋势。

3. 互联网

互联网又称国际网络，指的是网络与网络之间串联成的庞大网络，这些网络以一组通用协议相连，形成逻辑上的单一巨大国际网络。从某种意义上来说，互联网代表了未来的一个方向，几乎所有的物品都将通过互联网连接。正因如此，互联网企业更容易获得资本的青睐。不过，大多数互联网企业在成立初期都会经历一段盈利困难期，毕竟需要投入的人力成本和设备、资源成本较高。由于规则和制度的原因，很多互联网企业无法在 A 股市场融资，因此会在 H 股市场或纳斯达克市场上市，比较典型的互联网企业包括阿里巴巴、百度、腾讯、京东、美团等。

4. 通信行业

通信行业是指人与人、人与自然进行信息交流与传递的行业。随着科技的不断进步与发展，通信行业也在不断与时俱进。比如，当前正在推进的5G网络部署，就是通信行业的又一次升级行动。

三、云计算

云计算行业是新兴行业中非常具有代表性的一个领域。云计算行业的发展，推动了物联网、大数据、人工智能产业的快速发展。可以说，云计算产业就是其他新兴产业的基础性产业。有了云计算产业，才使得个人或小型企业获得了使用超级计算能力的机会。

四、大数据

大数据是与普通数据相对的一个概念。通常情况下，我们获得的数据都是非常有限的，而且力求通过对数据进行严谨的分析，以获得某项结论。不过，由于数据采集量有限，我们获得的结论往往存在准确率不高的情况。引入大数据后，情况就完全不一样了。大数据通过对数据整体的研究、分析和处理，能获得更为准确的结论。由于数据采集量大，因而所需的存储设备及空间等都非常庞大，这也推动了相关产业的发展。

五、物联网

物联网是近年来非常热门的一个概念题材。从字面上来看，物联网本身就是互联网的一个延伸，倡导万物互联。也就是说，当物联网普及后，人们只需借助一个通信终端就可以随时搜索、定位或控制相关物品。目前，发展较好的物联网细分领域包括车联网、智能家居以及智慧工厂等领域。

六、人工智能

人工智能是研究和开发用于模拟、延伸和扩展人的智能的理论、方法、技术及应用系统的一门新的科学技术。从本质上来说，人工智能就是一门研究如何用计算机或其他设备替代人进行思考、工作的行业。人工智能行业的发展与人对自身大脑的研究和了解有关。只有对自身大脑的结构和工作原理更为熟悉和了解，才能推动人工智能向更高层面发展。

七、5G 行业

5G 行业是时下非常热门的一个概念。5G 网络是相对于 4G、3G 和 2G 来说的。5G 网络铺设完毕后，5G 手机的信号网络将会过渡到 5G 时代。从 3G 到 4G 的转换花了很多年时间，且带动了一大批相关产业的发展，如信号塔（基站）、通信器材、手机以及各类通信软件与硬件等。同样，5G 替代 4G 同样会推动相关产业的发展，特别是基站（天线）、光纤等行业将会显著受益。

第三节　科技创新行业面临的风险和挑战

从整体上来看，科技创新行业的发展空间非常巨大，但由于行业的特殊性，作为个体的上市公司仍面临诸多风险与挑战。

一、安全风险与黑天鹅事件

科技创新产品是一种关乎国家信息与科技安全的特殊商品，很多国家都会有特殊的监督管控。各个科技创新企业都有各自的安全管理措施，但这仍无法避免个案的出现。

有的事件，对于整个行业而言仅仅属于个别事件，不过，对于单个企业而言却可能是灭顶之灾。同时，持有该企业股票的投资者也可能遭受巨大的损失。因此，即使投资者十分看好科技创新板块，也要有风险防控意识，不能让单只股票占据的仓位过大。

二、知识产权与不公平竞争问题

科技创新的竞争在很大程度上体现在专利技术与知识产权等方面，企业获得或使用某项技术或产品时，也不可避免地会涉及知识产权等方面的问题。若企业稍有不慎，就可能遭到其他相关企业知识产权方面的诉讼。

目前，每年有大量涉及科技领域的知识产权诉讼案，且越是大型科技巨头，涉及的诉讼越多。一方面由于这些科技巨头投入的研发成本很高，连带获得的知识产权数量很多；另一方面，由于这些科技巨头企业布局非常广泛，个别企业还存在知识产权霸权或恶意通过知识产权设置壁垒以阻碍其他企业发展等现象。当然，这就属于不公平竞争的范畴了。

总之，对于中小型科技企业来说，一旦惹上知识产权方面的诉讼，将会牵涉大量精力，浪费时间和金钱，甚至错失最佳的发展时机。

三、科技进步与替代品的威胁

科技进步的步伐不断加快，很多科技创新产品都面临着被替代的威胁。很多今天风光无限的产品，明天一旦出现替代品，立即就会成为明日黄花。随着科技的发展，技术更新换代的时间越来越快，几乎每家科技企业都面临替代品的威胁。比如，曾经的手机霸主诺基亚、摩托罗拉，在手机一波又一波的升级换代中逐渐被淘汰出局，市面上很难再看到这两家企业的产品。曾经的国产手机领军品牌如波导、夏新等也难觅踪影。这是科技行业残酷的一面。

技术的升级与进步，在给企业带来前所未有的机遇的同时，也可能带来致命的打击。每家科技企业都需要未雨绸缪，加强技术积累，加强研发投入。其实，这也是选择科技创新企业作为投资标的时，要优先查看该企业研发费用的原因。研发费用高并不能保证企业的技术一定不会被替代，但研发费用低则很容易被替代，这一点是毋庸置疑的。

第三章

科技创新股票的价值评估

估值，是整个股票投资的基础。特别是对于价值投资者而言，相对准确的估值，是投资成功的关键。每个投资者都试图找到一种估值方法，以对股票的价值进行相对准确的估测，然而不得不承认，没有人能够准确地计算股票的价值。我们只能通过一些相对科学的方法，大致判断一只股票的内在价值与价格的关系，进而做出投资决策。一只股票的价格受内在价值、经营水平、竞争能力、外界环境、供求关系等诸多因素的影响。

第一节 基本财务分析指标

按照目前比较容易掌握的上市公司资料来看，财务指标仍是分析一只股票价值的有效手段。因此，了解财务报表中的资产负债表、利润表和现金流量表，就是分析一只股票价值的前提。

一、认识资产负债表

我们平时说谁家比较有钱，指的就是这家的资产较多，没有或者很少有负债的情况。看一个企业的实力大小，也要看其资产与负债情况。通常情况下，资产越多，负债越少，企业的实力也越雄厚，也就越具备投资价值。

资产负债表又称财务状况表，是表示企业在一定日期（通常为各会计期末）的财务状况（即资产、负债和所有者权益状况）的主要会计报表。资产负债表由资产、负债和所有者权益 3 部分组成。“资产 = 负债 + 所有者权益”是资产负债表编制的理论基础，也是资产负债表成立的基本原理。上市公司每个季度都会公布自己的财务报表，而资产负债表、利润表、现金流量表都是其必须公布的项目。

在炒股软件中，投资者借助【F10】功能，在【财务概况】选项卡内点击【资产负债表】，就可以看到上市公司完整的资产负债表信息了，如图 3-1 所示。

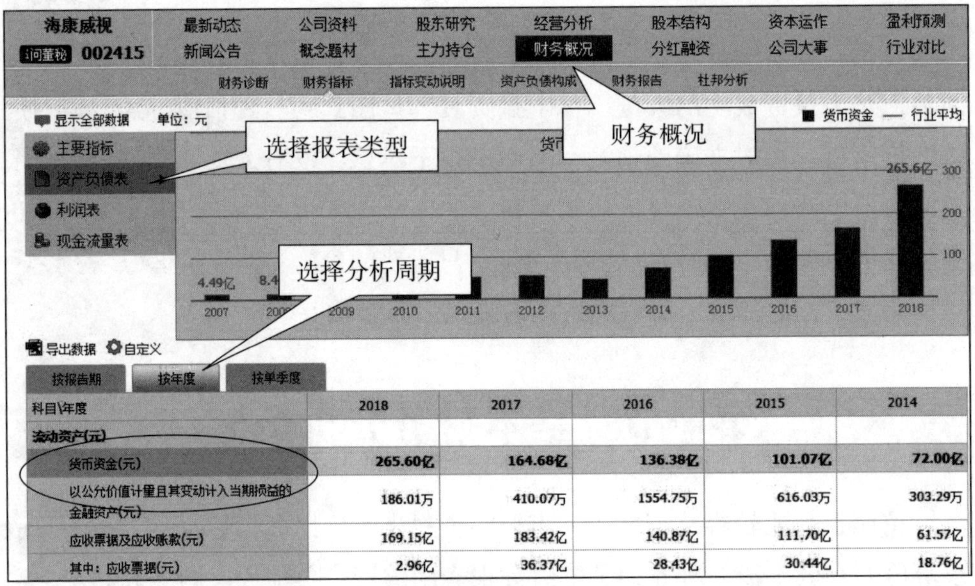

图 3-1　海康威视（002415）资产负债表

炒股软件中给出的资产负债表项目都是纵向排列的，同时给出多个报告周期数据。投资者可以通过各个周期的财务数据进行对比，以获得自己想要的信息。为了让读者更容易理解资产负债表，下面我们把资产负债表还原为普通样式。通常所说的资产负债表格式如表 3-1 所示。

表 3-1　资产负债表

2018 年 8 月 8 日　　　　会企 01 表
编制单位：** 有限责任公司　　　　单位：元

资产	行次	年初数	期末数	负债和所有者权益（或股东权益）	行次	年初数	期末数
流动资产：				流动负债：			
货币资金	1	880 000.00	2 000 000.00	短期借款	34	300 000.00	700 000.00
交易性金融资产	2			交易金融负债	35		
应收票据	3			应付票据	36		
应收账款	4	200 000.00	500 000.00	应付账款	37	1 800 000.00	2 200 000.00
预付账款	5			预收账款	38		
应收利息	6			应付职工薪酬	39		600 000.00
应收股利	7			应交税费	40		399 000.00
其他应收款	8	2 000 000.00	100 000.00	应付利息	41		1 000.00
存货	9	1 000 000.00	3 000 000.00	应付股利	42		
其中：消耗性生物资产	10			其他应付款	43	700 000.00	1 000 000.00
一年内到期的非流动资产	11			一年内到期的非流动负债	44		
其他流动资产	12			其他流动负债	45		
流动资产合计：	13	4 080 000.00	5 600 000.00	流动负债合计：	46	2 800 000.00	5 000 000.00
非流动资产：	14			非流动负债：	47		
可供出售金融资产	15			长期借款	48		
持有至到期投资	16			应付债券	49		

续表

资产	行次	年初数	期末数	负债和所有者权益（或股东权益）	行次	年初数	期末数
长期应收款	17			长期应付款	50	1 500 000.00	1 000 000.00
长期股权投资	18	1 000 000.00	1 000 000.00	专项应付款	51		
投资性房地产	19			预计负债	52		
固定资产	20	2 000 000.00	2 500 000.00	递延所得税负债	53		
在建工程	21			其他非流动负债	54		
工程物资	22			非流动负债合计：	55	1 500 000.00	1 000 000.00
固定资产清理	23			负债合计：	56	4 300 000.00	6 000 000.00
无形资产	24	600 000.00	600 000.00				
开发支出	25			所有者权益（或股东权益）：	57		
专利权	26			实收资本（或股本）	58	3 000 000.00	3 000 000.00
商标权	27			资本公积	59		
商誉	28			减：库存股	60		
长期待摊费用	29			盈余公积	61		
递延所得税资产	30			未分配利润	62	380 000.00	700 000.00
其他费流动资产	31			所有者权益（股东权益）合计：	63	3 380 000.00	3 700 000.00
非流动资产合计：	32	3 600 000.00	4 100 000.00		64		
资产合计：	33	7 680 000.00	9 700 000.00	负债和所有者权益(或股东权益）合计：	65	7 680 000.00	9 700 000.00

注：表中数据皆为虚拟数据，仅为方便讲解之用。

企业行业不同，经营项目不同，资产负债表中的一些具体分类项目也存在差异，但基本结构不会变。

资产负债表左侧为资产栏目，右侧上半部分为负债栏目，右侧下半部分为所有者权益栏目。其中，资产栏目的总额恒等于右侧负债栏目与所有者权益栏目的总和。

1. 资产负债表中的“资产”

资产，是指由企业过去经营交易或各种事项形成的，由企业拥有或控制的预期会给企业带来经济利益的资源。用通俗的话来讲，就是告诉投资者这个企业都有什么（资产）。当然，企业拥有的东西既包括用自己的钱买来的（所有者权益），还包括借别人的钱买来自己用的东西（负债）。总之，企业现在能用来赚钱的资源就是企业的资产。按照会计分类方法，可以将资产分为流动资产和非流动资产两类。

（1）流动资产。

流动资产是指企业可以在 1 年或者超过 1 年的营业周期内变现或者运用的资产，是企业资产中必不可少的组成部分。流动资产，也就是那些能够在短期内迅速变现的资产，最典型也是最重要的流动资产包括现金（本身就是货币）、存货（商品可以卖出换回现金；原材料可以变成商品，再换回现金）、应收账款（就是别人欠自己的钱，能收回来的是现金，收不回来就变成坏账）。

在诸多流动资产中，现金又是最重要的一种。企业不同，所在行业不同，存货和应收账款的变现能力还是有所差别的。比如，图 3-1 中的海康威视 2018 年度应收账款及票据为 169.15 亿元，数额较大，其实这与海康威视所处的行业有关。作为安防监控系统供应商，海康威视提供的产品和服务具有明显的工程性质，因而延期付款是一种常态。同时，行业内竞争比较激烈，企业难以在项目启动前拿到所有款项，应收账款一项就会相对较高。

行业不同，企业所处的地位不同，应收账款的额度也会有所不同。应收账款越多，企业面临的风险就越高。

（2）非流动资产。

非流动资产是指不能在 1 年或者超过 1 年的一个营业周期内变现或者耗用的资产。非流动资产是指流动资产以外的资产，主要包括持有到期投资、长期应收款、长期股权投资、工程物资、投资性房地产、固定资产、在建工程、无形资产、长期待摊费用、可供出售金融资产等。也就是说，除了流动资产，其他资产都属于非流动资产。非流动资产的变现能力普遍弱于流动资产，而且在变现时常常会有所折损。非流动资产中主要包括如下几类。

第一，长期股权投资。

企业对外投资可以取得被投资单位的股份。A 股上市公司经常会投资一些相关单位，企业为了获得被投资单位的股份所花费的资金就是长期股权投资。这些企业每年的分红，会按比例计入企业的投资收益。作为投资者，需要关注这些上市公司投资的单位及行业。若是被投资单位中有一些能够上市，无疑将大大提升企业的投资收益；若是被投资单位有一些涉及某热门概念，也会带动上市公司股价上扬。

第二，固定资产。

固定资产是指企业为生产产品、提供劳务、出租或者经营管理而持有的、使用时间超过 12 个月的，价值达到一定标准的非货币性资产，包括房屋、建筑物、机器、机械、运输工具以及其他与生产经营活动有关的设备、器具、工具等。固定资产具有 3 个属性：其一，必须与生产经营有关（无关的资产可能被列入投资，如投资性房产）；其二，持有和使用时间较长，一般超过 12 个月；其三，要有一定的价值，价格不能太低（价格太低可能会被列入低值易耗品直接摊销）。

大多数企业固定资产占总资产的比例较大，特别是一些生产型企业，其设备、厂房的投资很大，很容易造成固定资产高企。这些固定资产通常在短期内难以变现，只会在企业账面上显现，一旦企业破产，可能会被折旧掉相当的价值。当然，也有一些企业的固定资产已经折旧完毕，但仍然发挥余热，这会为企业增值不少。正因如此，投资者在分析目标标的资产时，要留心固定资产栏目，从不同角度分析固定资产的价值。

第三，无形资产。

无形资产是指企业拥有或者控制的没有实物形态的可辨认的非货币性资产。无形资产包括商誉、特许经营权、专利权、商标权等。无形资产的计量存在一定的困难，只有在发生交易时，才会体现其价值。很多品牌价值很高的企业，在会计报表中并没有计入这部分资产。很多品牌价值较高的企业在这一部分资产中往往存在低估的情况，投资者需要自行估算其大致价值，以便获得标的企业更为准确的价值数据。

2. 资产负债表中的“负债”

负债，是企业承担的能以货币计量、需以资产或劳务偿还的债务。负债是一种债务，是企业需要偿还的钱。就如同一个人欠了别人的钱，这笔债终究是要还的。资产负债表中的“负债”，就是要告诉大家这家企业到底欠了多少外债。大家知道，如果一个人欠了其他人很多钱，那么他再出去借钱的时候，大家就会担心他能不能还上钱。企业也是如此，如果一个企业负债过多，甚至出现资不抵债（资产小于负债），那么这家企业就离破产不远了。

按照会计分类方法，可以将负债分为流动负债和非流动负债两类。

（1）流动负债。

流动负债是指需要在 1 年或者超过 1 年的一个营业周期内偿还的债务。流动负债与流动资产相对，是那些需要在短期内偿还的债务。换句话说，这些债务可能在接下来的 1 年内耗用大量的企业现金，企业必须有充足的流动资产与之对应。最典型的流动负债包括短期借款、应付账款、应付职工薪酬、应付税费、预收账款（企业必须在短期内向客户提供产品，产品则属于流动资产范畴）。预收账款越多，越说明企业在市场竞争中处于优势地位。海康威视 2018 年年报的预收账款为 6.41 亿元，相对于接近 170 亿元的应收账款而言，这个预收账款的规模还是偏低的，如图 3-2 所示。

海康威视 问董秘 002415 | 最新动态 新闻公告 | 公司资料 概念题材 | 股东研究 主力持仓 | 经营分析 财务概况 | 股本结构 分红融资 | 资本运作 公司大事 | 盈利预测 行业对比

财务诊断 财务指标 指标变动说明 资产负债构成 财务报告 杜邦分析

资产合计(元)	2018	2017	2016	2015	2014
流动负债(元)					
短期借款(元)	34.66亿	9711.47万	3229.13万	8.77亿	3.62亿
以公允价值计量且其变动计入当期损益的金融负债(元)	29.10万	1594.68万	6978.95万	1928.20万	–
应付票据及应付账款(元)	107.65亿	108.85亿	78.86亿	60.79亿	35.92亿
其中：应付票据(元)	4.63亿	–	8.77亿	2.10亿	2.74亿
应付账款(元)	103.02亿	–	70.09亿	58.70亿	33.18亿
预收款项(元)	6.41亿	5.71亿	4.70亿	3.96亿	5.03亿
应付职工薪酬(元)	19.22亿	13.91亿	10.85亿	7.88亿	6.56亿
应交税费(元)	14.19亿	14.54亿	12.06亿	8.22亿	3.95亿
其他应付款合计(元)	29.53亿	4.97亿	10.69亿	1.89亿	5597.16万
其中：应付利息(元)	–	–	–	466.87万	–
应付股利(元)	1.20亿	–	2010.58万	2412.85万	440.23万
其他应付款(元)	–	–	10.49亿	1.60亿	5156.94万
一年内到期的非流动负债(元)	31.78亿	15.46亿	1534.08万	5.86亿	–
其他流动负债(元)	3.65亿	7.45亿	3.00亿	5.18亿	5.48亿

预收账款

图 3–2　海康威视（002415）财务报表

（2）非流动负债。

非流动负债又称长期负债，是指偿还期在 1 年或者超过 1 年的一个营业周期以上的债务。非流动负债多是一些需要在未来某个时间点偿还的债务。最典型的非流动负债包括长期借款、应付债券、专项应付款、长期应付款等。

3. 资产负债表中的“所有者权益”

所有者权益，是指企业资产扣除负债后，由所有者享有的剩余权益。公司的所有者权益又称股东权益。所有者权益是所有者对企业资产的剩余索取权，它是企业的资产扣除债权人权益后应由所有者享有的部分，这部分资产本质上就是企业的净资产。通常情况下，所有者权益越高，说明企业内在实力越强。所有者权益主要包括实收资本、资本公积、盈余公积、未分配利润等几项。

（1）实收资本。

实收资本指企业实际收到的投资人投入的资本，在上市公司财务报表中，更多地会以“股本（单位：元）”来体现。目前，大多数上市公司原始股的票面价格为 1 元，也就是说，这家公司共有多少股数，也就有多少元的实收资本。例如，海康威视截至 2018 年年底的股数为 93.45 亿股，那么，该公司的实收资本就是 93.45 亿元。不过也有例外情况，比如，紫金矿业股票的票面价格仅为 0.1 元。截至 2017 年年底，紫金矿业的股数为 230.31 亿股，该公司的实收资本为 23.03 亿元。投资者在选择投资标的时，要多留心一下这些股票的股本总数和股本额情况。

（2）资本公积。

资本公积是指企业在经营过程中由于接受捐赠、股本溢价以及法定财产重估增值等原因所形成的公积金。例如，某个人赠予公司 100 万元，这 100 万元就会被计入资本公积。常见的资本公积金还包括上市公司发行股票的溢价价值。前面讲过，大多数上市公司的股票票面价格为 1 元，上市时，其发行价会远远超过 1 元，那么这部分溢价的金额将会计入企业的资本公积。

例如，某公司上市发行股票 2 000 万股，发行价格为 10 元，那么

资本溢价金 =（10-1）×2 000 万 =18 000 万元

这 18 000 万元就会被计入资本公积（不考虑其他税费支出）。正是因为新股发行过程中会有大量资本溢价金被计入资本公积，而且这部分资本公积未来有转增资本（送股）的可能，使得投资者对新股非常青睐。

（3）盈余公积。

盈余公积是企业从税后利润中提取形成的存留于企业内部且具有特定用途的收益积累。它指各种积累资金，包括法定盈余公积、任意盈余公积、法定公益金。通常情况下，企业每年可以从净利润中提取 10% 左右的资金作为盈余公积。当企业的盈余公积金规模达到企业注册资本金的 50% 时，可不再提取。

这部分盈余公积金可以用于弥补亏损或者扩大生产经营，也可以用于转增股本（上市公司也有用盈余公积金转增股本、派送新股的）。其实，很多时候财务报表出来后，投资者查看一下各个公司的资本公积金和盈余公积金情况，就可以大致了解这个公司有无送股的可能。

（4）未分配利润。

未分配利润是企业留待以后年度分配或待分配的利润。未分配利润一般

是当年企业净利润扣除盈余公积后，可供给投资者分配的部分。目前很多上市公司并不会将全部未分配利润分给投资者，毕竟很多公司都缺钱。

年报出来后，未分配利润多的企业，分红概率和额度都会相对较高。这也是投资者寻找绩优股的条件之一。

二、认识利润表

利润表是反映企业在一定会计期间经营成果的财务报表。上市公司会在每个季度结束后公布该季度的收入与支出情况，并汇总计算出净利润和每股净收益。最终的利润数值固然重要，但其收入与支出的构成同样需要关注。

借助【F10】功能，在【财务概况】选项卡内，点击【利润表】就可以看到完整的利润表信息了，如图 3-3 所示。

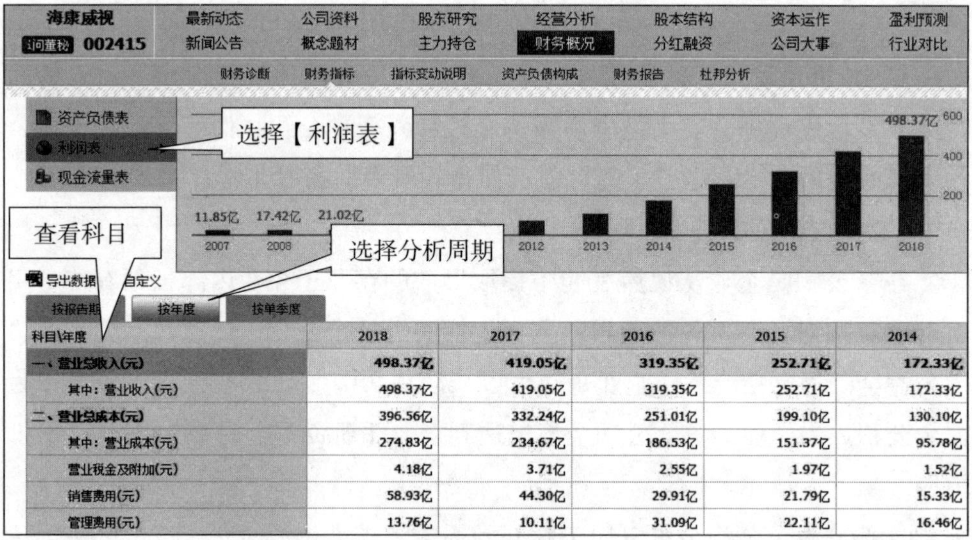

科目\年度	2018	2017	2016	2015	2014
一、营业总收入(元)	498.37亿	419.05亿	319.35亿	252.71亿	172.33亿
其中：营业收入(元)	498.37亿	419.05亿	319.35亿	252.71亿	172.33亿
二、营业总成本(元)	396.56亿	332.24亿	251.01亿	199.10亿	130.10亿
其中：营业成本(元)	274.83亿	234.67亿	186.53亿	151.37亿	95.78亿
营业税金及附加(元)	4.18亿	3.71亿	2.55亿	1.97亿	1.52亿
销售费用(元)	58.93亿	44.30亿	29.91亿	21.79亿	15.33亿
管理费用(元)	13.76亿	10.11亿	31.09亿	22.11亿	16.46亿

图 3-3 海康威视（002415）利润表

炒股软件中给出的利润表项目都是纵向排列的，同时给出多个报告周期的数据，投资者可以通过各个周期的财务利润数据进行对比获得自己想要的信息。为了让读者更容易理解利润表，下面把利润表还原为普通样式。通常所说的利润表如表 3-2 所示。

表 3–2　利润表

2018 年 8 月 8 日　　　　会企 02 表

编制单位：** 有限责任公司　　　　单位：元

项　目	行次	本期金额	上年同期
一、营业收入	1	1 700 000.00	800 000.00
减：营业成本	2	1 300 000.00	600 000.00
营业税金及附加	3	50 000.00	10 000.00
销售费用	4	100 000.00	35 000.00
管理费用	5	50 000.00	20 000.00
财务费用	6	10 000.00	5 000.00
资产减值损失	7		
加：公允价值变动收益	8		
投资收益	9	50 000.00	
其中：对联营和合资企业投资收益	10		
二、营业利润	11	240 000.00	130 000.00
加：营业外收入	12	530 000.00	51 000.00
减：营业外支出	13	300 000.00	30 000.00
营业税金及附加	14	70 000.00	1 000.00
三、利润总额	15	400 000.00	150 000.00
减：所得税费用	16	80 000.00	30 000.00
四、净利润	17	320 000.00	120 000.00

利润表中的项目是按照自上而下排列的，各个项目给出的数值及增减关系一目了然。投资者要特别注意以下几个科目。

1. 利润表中的“营业收入”

营业收入指企业从事生产、经营活动所取得的收入，这是判断企业收入成色的一个项目。营业收入越高，企业越专注于核心业务，未来可能获得的收入越高；反之，则可能因为企业过分关注非营业业务（投资理财、变卖资产等）而导致主营业务不振，影响企业长期盈利能力。

其实，比营业收入更加有效的指标是主营业务收入。主营业务收入更能反映企业核心业务的收入情况，也比营业收入更加可靠。不过，从目前上市公司披露的年报中，很难区分出主营业务和非主营业务，毕竟很多上市公司现在都是多元化运作。从专业化运作角度来看，一些专注于某一领域且在该领域内取得较明显优势的企业更应受到关注。

2. 利润表中的“营业成本”

营业成本是用来核算企业因销售商品、提供劳务等日常活动而发生的成本。营业成本是与营业收入相对的概念。正常情况下，营业成本必然低于营业收入（没有企业会做赔钱的生意）。通过营业成本与营业收入的比较，能够看出企业的成本控制情况。

3. 利润表中的“管理费用”

管理费用是指企业行政管理部门为组织和管理生产经营活动而发生的各种费用，它是企业运营过程中一种相对稳定的支出。若企业没有出现大规模调整（规模扩大、收购新的企业或裁员等），企业的管理费用应该保持一定的稳定性。若某一年或某一季度企业的管理费用出现了异常增减，投资者就需要仔细研判变化原因，以及可能给企业收益带来的影响。

4. 利润表中的“销售费用”

销售费用是指企业销售商品和材料、提供劳务的过程中发生的各种费用，包括企业在销售商品过程中发生的保险费、包装费、展览费、广告费、商品维修费、预计产品质量保证损失、运输费、装卸费等，以及为销售本企业商品而专设的销售机构（含销售网点、售后服务网点等）的职工薪酬、业务费、折旧费等经营费用。

随着企业对销售策划、广告宣传的日益重视，广告费等销售费用在企业开支中所占的比重越来越大。企业类型不同，推广战略不同，销售费用开支的规模和占营业收入的比重也不尽相同。投资者应该研判销售费用与营业收入的对比发生异动的情况。例如，某上市公司的销售费用一直占营业收入的5%左右，但某一年占到了10%，这时投资者就需要研判发生这种变化的原因，以及未来可能给企业收益带来的影响。

5. 利润表中的“财务费用”

财务费用是指企业为筹集生产经营所需资金等发生的费用。用通俗的话来讲，你从别人手里借钱，是要付利息的。上市公司从银行或企业金融机构借贷，也要偿付相当多的利息。通常情况下，企业融资规模越大，利息支出越多，财务费用也越高。这些财务费用会蚕食企业相当一部分盈利。

三、认识现金流量表

现金流量表是以现金为基础编制的，反映企业一定会计期间内经营活动、投资活动以及筹资活动等对现金及现金等价物产生的影响的会计报表。现金流量表本质上是一张反映企业现金流入与流出的报表。

每季度结束后，上市公司会公开本季度的现金流量表。投资者可借助【F10】功能，在【财务概况】选项卡内，点击【现金流量表】查看完整的现金流量表信息，如图 3-4 所示。

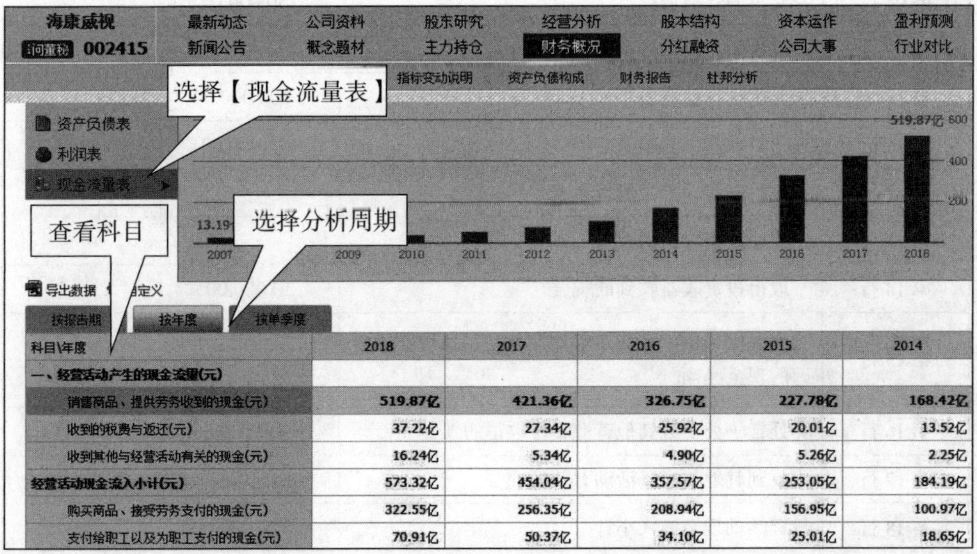

图 3–4　海康威视（002415）现金流量表

炒股软件中给出的现金流量表项目都是纵向排列的，同时给出了多个报告周期的数据。投资者可以通过各个周期的现金流入与流出数据对比，以获得自己想要的信息。为了让读者更容易理解现金流量表，这里把现金流量表还原为普通样式，如表 3-3 所示。

表 3–3 现金流量表

2018 年 8 月 8 日　　　　　　　　　　　　　　　　会企 03 表
编制单位：** 有限责任公司　　　　　　　　　　　　单位：元

行次	项目	本期金额	其他说明
第 01 行	一、经营活动产生的现金流量		
第 02 行	销售商品、提供劳务收到的现金	1 797 000.00	
第 03 行	收到的税费返还		
第 04 行	收到其他与经营活动有关的现金		
第 05 行	经营活动现金流入小计	1 797 000.00	
第 06 行	购买商品、接受劳务支付的现金	1 000 000.00	
第 07 行	支付职工及为职工支付的现金	450 000.00	
第 08 行	支付的各项税费	150 000.00	
第 09 行	支付的与经营活动有关的现金		
第 10 行	经营活动现金流出小计	1 600 000.00	
第 11 行	经营活动产生的现金净额	197 000.00	
第 12 行	二、投资活动产生的现金流量		
第 13 行	收回投资收到的现金		
第 14 行	取得投资收益收到的现金	50 000.00	
第 15 行	处置固定资产、无形资产和其他长期资产收回的现金净额		
第 16 行	处置子公司或其他营业单位取得的现金	1 900 000.00	
第 17 行	收到其他与投资活动有关的现金		
第 18 行	投资活动现金流入小计	1 950 000.00	
第 19 行	投资支付的现金		
第 20 行	取得子公司或其他营业单位支付的现金	727 000.00	
第 21 行	购买固定资产、无形资产和其他长期资产支付的现金净额	500 000.00	

续表

行次	项目	本期金额	其他说明
第 22 行	支付其他与投资活动有关的现金		
第 23 行	投资活动现金流出小计	1 227 000.00	
第 24 行	投资活动产生的现金净额	723 000.00	
第 25 行	三、筹资活动产生的现金流量		
第 26 行	吸收投资收到的现金		
第 27 行	取得借款收到的现金	800 000.00	
第 28 行	收到其他与筹资活动有关的现金	200 000.00	
第 29 行	筹资活动现金流入小计	1 000 000.00	
第 30 行	偿还债务支付的现金	490 000.00	
第 31 行	分配股息、红利或偿付利息支付的现金	10 000.00	
第 32 行	支付的其他与筹资活动有关的现金	300 000.00	
第 33 行	筹资活动现金流出小计	800 000.00	
第 34 行	筹资活动产生的现金净额	200 000.00	
第 35 行	四、汇率变动对现金及现金等价物的影响	—	
第 36 行	五、现金及现金等价物净增加额	1 120 000.00	
第 37 行	加：期初现金及现金等价物余额	880 000.00	
第 38 行	六、期末现金及现金等价物余额	2 000 000.00	

现金流量表中的项目是按照自上而下排列的，各个项目给出的数值及增减关系一目了然。现金流量表主体由经营获得产生现金流量、投资活动产生现金流量以及融资活动产生现金流量 3 部分构成。其中，投资者要特别注意以下几个科目。

1. 现金流量表中的“销售商品、提供劳务收到的现金”

该项目反映的是当期因销售商品、提供劳务收到的现金。这里有两层含义：其一，因销售商品、提供劳务而形成的，企业其他业务形成的收入不能列入本项目；其二，当期收到的现金，该现金是当期收回到账的。即使当期已经签订了销售合同，开具了发票，但现金没到账，仍然不能列入当期数据；

反之，即使前几期形成的收入，当期到账，也要列为当期收入。

企业实际收到现金的能力，反映了企业在市场竞争中所处的位置（优势越明显，收到现金的能力就越强）及商业信誉情况（信誉良好，则获得投资和融资的现金也会更多）。总之，企业实际收到现金的能力也是企业整体盈利能力的一部分。

企业在销售货物或提供劳务活动时，由于有欠款或预收账款存在，使得该项目的金额总是会与利润表中的营业收入存在一定出入。投资者不必过于纠结两者之间的差异。

2. 现金流量表中的“收到其他与经营活动有关的现金”

该科目作为企业“销售货物、提供劳务收到的现金”的补充，是一个需要投资者特别注意的科目。很多企业为了粉饰现金流量表，给投资者一种现金流充裕的假象，会在这个科目上做文章。很多炒股软件抓取的财务数据项目中，并没有“收到其他与经营活动有关的现金”，投资者可通过查看上市公司的财务报告了解具体数据。同时，还要知道这些现金的来源，是不是企业暂时为了粉饰报表而引入的现金。

这里提醒一下投资者：尽管炒股软件给出了各家上市公司的大部分财务指标和指标变动的解释，但毕竟不是完整的财务报告，投资者要想对企业财务情况进行全方位的了解，还是要查看企业完整的财务报告，以及会计师事务所和相关董事出具的意见。若某公司的财务报告被会计师事务所出具了“无法发表意见”“保留意见”等字样的意见，则这类企业的股票就不应该再成为优质标的备选项了。

3. 现金流量表中的“经营活动产生的现金净额”

这是整个现金流量表中最重要的一个科目。经营活动产生的现金净额为正值，说明经营活动产生的现金流入量大于现金流出量；反之，则说明经营活动产生的现金流入量小于现金流出量。通常情况下，一家正常经营的企业，其经营活动产生的现金净额应该是正值。只有经营活动产生的现金净额为正值，才能满足企业支付股息、利息、投资等需求。若企业经营活动产生的现金净额长期为负值，则企业必须采取扩大举债规模、削减投资规模、动用盈余积累等措施，这都可能导致企业未来盈利能力不足，这也说明企业的经营情况不理想。这类企业很难成为成长股的候选标的。

第二节　股票基本估值方法

以财务指标为基础的估值方法仍是股票估值方法中的主流选择。目前，经常使用的股票估值方法包括以市盈率为核心的估值方法、以市销率为核心的估值方法以及以市净率为核心的估值方法等。

一、市盈率估值法

1. 市盈率

以市盈率为核心的估值方法是目前股票估值的主流方法。该方法以股票的每股盈利额度和每股市价为核心。其计算公式如下：

市盈率 = 股价 / 每股收益

在计算市盈率时，股价通常以最新股票报价为准，每股收益则以上一年度的每股收益为计算依据。市盈率反映了按照当期股票的收益，需要多少年能够收回投资成本。例如，以上一年度每股收益为依据，一只股票的市盈率为 20 倍，说明按照该股上一年度的每股收益，投资者需要 20 年才能拿回买入股票的成本。

市盈率分为动态市盈率和静态市盈率。投资者通过炒股软件调出个股基本财务指标，就能看到这两个指标，如图 3-5 所示。

（1）静态市盈率。

静态市盈率就是通常所说的市盈率，是通过将最新股价与上一年度每股收益相除获得的。静态市盈率反映的是以当前的盈利状态，投资者收回投资成本需要多少年时间。通常情况下，市盈率越低，说明投资者可用更短的时间收回投资，股票的投资价值越大。不过，在具体实战中，并不能简单地按照市盈率的高低来选择股票。

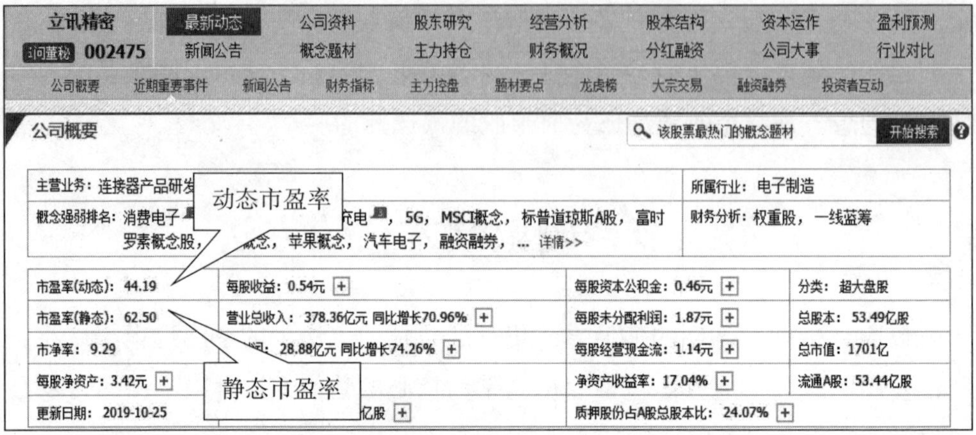

图 3-5　立讯精密（002475）基本财务数据

第一，行业不同，判断市盈率高低的标准也不同。比如，银行业的市盈率普遍较低，不能因此断定所有银行股都是最具投资价值的。创业板和科创板的股票，普遍存在市盈率较高的情况。这一方面是因为创业板和科创板股票属于市场上的稀缺品，因而存在一定的溢价，特别是科创板中有很多科技含量较高的企业；另一方面则是由于创业板和科创板的股票往往被认为具有较高的成长性，市场资金愿意接受其高市盈率的情况。

第二，从反向来看待市盈率高低更能说明问题。一些高市盈率的股票得以存在，且涨势更好，说明市场资金愿意接受高溢价，未来这类股票也可能会继续上升。投资者依据市盈率选择股票时，必须学会辩证思考，不能一概而论。

深南电路的财务数据如图 3-6 所示。

从图 3-6 中可以看出，深南电路的市盈率在 72 倍左右，也就是说，按照 2018 年的盈利水平，投资者要想通过该股的每股盈利来收回投资成本，大约要用 72 年，当然，这不包括红利税等因素。在 A 股市场上，这只股票的市盈率应该算很高了。下面再观察一下该股的日 K 线走势，如图 3-7 所示。

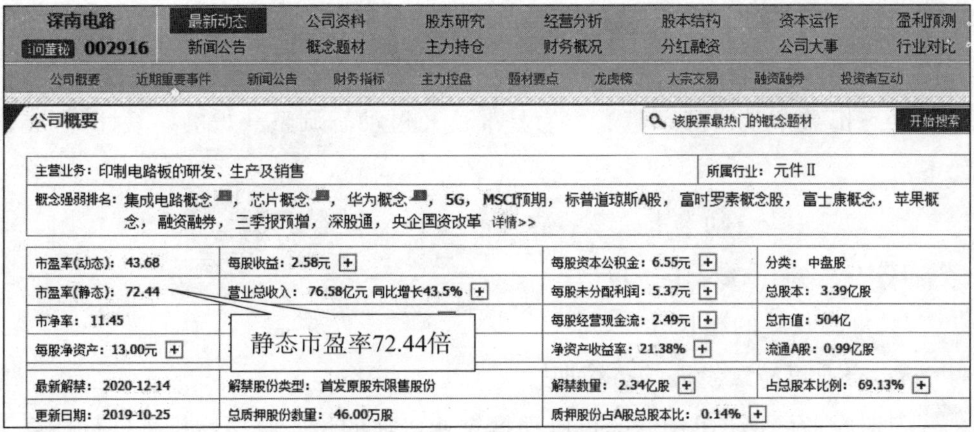

图 3-6　深南电路（002916）财务数据

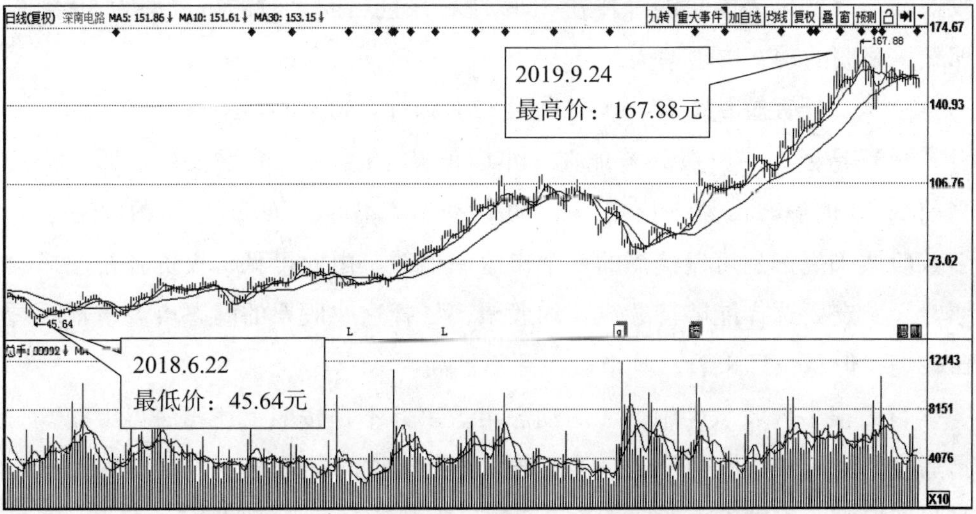

图 3-7　深南电路（002916）日 K 线走势图

从图 3-7 中可以看出，深南电路的股价自 2018 年 6 月 22 日的 45.64 元启动上升，至 2019 年 9 月 24 日，该股已经创下 167.88 元的高点。也就是说，在 1 年多的时间里，该股的股价翻了将近 3 倍，这也说明该股的高市盈率并未影响投资者炒作该股的热情。有时候高市盈率的股票，恰恰是获得了市场充分认可的标的。当然这并不意味着市盈率越高越好，很多短线暴涨股上涨至顶部区域时，总是会出现高市盈率。从长远来看，低市盈率的股票往往会有更好的上涨空间，特别是科技创新行业中的绩优股更是如此。

（2）动态市盈率。

动态市盈率是以静态市盈率为基准，经过动态调整获得的，其计算公式如下：

$$动态市盈率 = 静态市盈率 \times 动态系数$$

其中：动态系数 $=1/(1+i)^n$

i：每股收益的增长性比率。

n：企业可持续发展的持续期。

每股收益的增长性比率，可以根据企业以往的每股收益增长率进行估算。同时，还要对企业维持该增长率的年限进行预测。例如，预估某企业的每股收益增长率在未来 5 年能维持在 20% 左右，且当前该股的市盈率为 50 倍，那么，该股的动态市盈率为：

$$动态市盈率 =50 \times [1/(1+20\%)^5] \approx 50 \times 0.4=20 倍$$

也就是说，一只股票若能在 5 年内保持 20% 左右的增长率，那么，其当前的 50 倍静态市盈率只相当于 20 倍动态市盈率。而 20 倍市盈率对于大多数股票来说都是可以接受的一个市盈率倍数。由此可见，投资者在选择股票时，一定要选择能够持续成长的股票，尽管这些股票的静态市盈率暂时看比较高，但从长远来看，其市盈率并不算高。

目前很多炒股软件中标注的动态市盈率并不是按照上述算法得出的，而是通过将最近一季度的每股净收益推算至全年收益，进而计算得出的。例如，某只股票第一季度的每股收益为 0.5 元，则系统会默认按照 0.5 × 4=2 元的基数计算动态市盈率。这种算法比较简单，但非常不科学，没有太大的参考意义。

2. 应用市盈率测算股票的目标价格

应用市盈率测算股票目标价格时，需要依托的 3 个基本要素为：每股收益、市盈率以及预期未来净利润增长率。

每股收益是测算市盈率和股票目标价格的基础，也是进行股票投资需要参照的重要指标。大多数炒股软件的财务概况页面，都会给出当期的每股收益数据。投资者借助【F10】功能，在【财务概况】选项卡内点击【财务指标】，就可以看到每期核心的财务指标数据，如图 3-8 所示。

成长能力指标	2018	2017	2016	2015	2014	2013
净利润(元)	6.97亿	4.48亿	2.74亿	1.62亿	1.91亿	1.68亿
净利润同比增长率	55.61%	63.44%	69.56%	-15.22%	13.26%	--
扣非净利润(元)	6.47亿	3.82亿	2.35亿	1.00亿	1.57亿	1.39亿
扣非净利润同比增长率	69.67%	62.29%	134.52%	-36.18%	13.33%	--
营业总收入(元)	[illegible]	[illegible]亿	45.99亿	35.19亿	36.38亿	26.28亿
营业总收入同比增长率	[illegible]	[illegible]%	30.69%	-3.28%	38.43%	--
每股指标						
基本每股收益(元)	2.4900	2.1300	1.3100	0.7700	0.9100	0.8000
每股净资产(元)	13.29	11.31	7.52	6.45	6.19	5.52
每股资本公积金(元)	7.58	7.58	4.41	4.40	4.55	--
每股未分配利润(元)	4.17	2.39	1.84	0.90	0.57	--
每股经营现金流(元)	3.14	3.20	3.82	2.73	2.24	2.61
盈利能力指标						
销售净利率	9.19%	7.89%	5.97%	4.48%	5.09%	6.32%
销售毛利率	23.13%	22.40%	20.53%	20.65%	21.68%	25.01%
净资产收益率	20.38%	25.61%	18.48%	12.15%	15.74%	12.05%

图 3–8　深南电路（002916）核心财务指标

未来净利润增长率是一个非常关键的指标，也是对一只股票估值的关键指标。未来净利润增长率的确认需要结合以下几点。

第一，该只股票的历史净利润增长率。比如，一只股票在之前的 5 年里都保持了 25% 左右的净利润增长率，则投资者可以以 25% 为增速测算每股净收益变化情况。

第二，判断该只股票是否出现业绩拐点。例如，某只股票在之前几年内保持了 40% 左右的增长率，但是某一年直接下降至 10%，甚至出现了负数，则需要重新评估该企业的成长情况。投资者不能简单地将历年的增长率做算术平均。如果某一企业在某年上市了新产品，并开始带动净利润大幅上升，则需要将预测的净利润增长率适当调高。

总之，在预测股票未来的增长情况时，我们无法做到精准，大致符合企业发展的大趋势即可。

最后一个指标就是前面提到的市盈率指标。投资者需要为某只股票划定一个大致的市盈率变动区间，即当股票的市盈率低于区间下限时（如15倍），可考虑建仓；当股票的市盈率高于某一上限时（如30倍），可开始减仓。不过，由于企业所处行业不同，市盈率水平也存在一定的差别。投资者在研判个股的市盈率水平时，可以参照行业平均水平。例如，当个股的市盈率水平明显低于行业平均水平时，则可看成较佳的买入时机；反之，则可考虑减仓操作。

下面以深南电路为例进行简单的股票估值。

2018年深南电路每股收益为2.49元，在过去的3年时间里，该股的每股收益增长率保持在55%以上。2019年8月，深南电路公布的中报显示，每股收益为2.58元，比上一年度同期上升了83.4%。通过财务解读可知，该股业绩增速提升与行业景气度提升以及国家对芯片集成电路板等行业的重视有关。

2019年6月，集成电路板的平均市盈率为59倍左右。此时，深南电路的股价为150元左右，市盈率约为72倍。从上一年度的收益和静态市盈率来看，该股的市盈率要高于行业平均值。

若考虑该股三季报2.51元的每股收益，可以大致预判2019年的每股收益至少在2.51元×（4/3）=3.35元左右（集成电路板作为深南电路的主要产品，第四季度可能会有更好的出货数据）。若以3.35元和行业平均市盈率59倍为基准，则可测算出该股到2019年年底股价大致为：

目标股价=3.35元×59倍=197.65元

也就是说，当前的股价存在一定的低估。

以三季报83.4%左右的增长率为年度增长率，以2018年每股收益的2.49元为基准，可以大致预估股价如下：

2019年每股收益=2.49元×（1+83.4%）=4.57元

可以推算出2019年年底的目标股价大致为：

目标股价=4.57元×59倍=269元

当然，以83.4%作为年度净利增长速度有些过于乐观，但鉴于半年报68%左右的净利增长率，可将该股的年度净利增长率预估至70%。以2018

年每股收益的 2.49 元为基准可大致预估股价如下：

2019 年每股收益 =2.49 元 ×（1+70%）=4.23 元

可以推算出 2019 年年底的目标股价大致为：

目标股价 =4.23 元 ×59 倍 =249.57 元

即使按照保守估计，深南电路的股价也存在着一定的低估。也就是说，该股股价当前处于低于目标价的水平，是值得购入的目标标的。

以市盈率为核心的估值方法比较适合成熟的行业，比如成熟的医药行业（非生物医药）、大众消费品行业等。像科技创新行业中的很多企业，盈利数字并不好看，且普遍存在市盈率过高的情况。

二、以市销率为核心的估值

目前，以市盈率为核心的估值方法是使用最广泛的一种方法。不过，相对于一些市场占有率较高、成长性较强，但暂时净利润水平较低的公司而言，市盈率并非是最好的选择。从历史经验来看，一些高新科技企业在成长初期都经历了低利润水平时期，而且很多后来的大牛股也曾经历过一段低利润或负利润时期。正因如此，很多投资者开始使用市销率替代市盈率，以估算股票的价格。

市销率的计算公式如下：

市销率 = 上市公司的市值 / 上一年度的营业收入

市销率反映了投资者愿意为每 1 元营业收入支付的购买股票的成本。市销率指标对于评估一个处于成长初期的企业具有重要价值。比如，很多初创企业为了迅速抢占市场份额，往往会采取暂时牺牲利润的方法，待企业的市场占有率提升到一定水平，再反向提升净利润水平。很多互联网企业在初创时期多会采用这种策略，特别是很多新兴产业公司，为了抢夺客户，不惜采用支付补贴的方式抢占市场。这些企业的财务报表有一个显著的特征，即营业收入快速增长，而净利润水平却相对较低，甚至会出现亏损。若按照市盈率进行估值，这类企业可能价格会极低，但是其营业收入可以支撑其高股价。

通常情况下，相对于净利润，企业的营业收入更具稳定性，这就为评估企业的长期价值提供了一个重要的参考。

京东方 A 在 2018 年的销售收入约为 970 亿元，而且相比上一年度增长了 3.53%。2019 年 11 月，该公司的市值为 1 242 亿元。那么，该股的市销率为：

市销率 =1 242/970=1.28 倍

目前，科技板块股票的市销率普遍较高，特别是一些龙头股的市销率普遍在 5 倍以上，10 倍以上的也屡见不鲜。因此，相对而言，京东方 A 在整个科技板块还是具有很强的估值吸引力的。

行业不同，单纯地进行市销率对比是没有意义的。例如，很多钢铁企业的市销率往往比较低。宝钢股份 2018 年的营业收入为 3 050 亿元，而在 2019 年 6 月，其市值仅为 1 463 亿元，也就是说，宝钢股份的市销率还不到 0.5 倍。投资者不能仅仅因为市销率低而买入一些钢铁股或银行股，而要考虑企业发展的周期。也就是说，对于一家已经进入成熟期的企业来说，市销率的意义并不大，只有对那些发展初期，净利润较低的企业才有意义。

三、市盈率相对盈利增长率

市盈率相对盈利增长率（PEG），是通过上市公司的市盈率除以盈利增长率而获得的数值。该指标最先由英国投资大师吉姆·斯莱特提出，后来由美国投资大师彼得·林奇发扬光大。其计算公式如下：

市盈率相对盈利增长率（PEG）= 市盈率 / 净利润增长率

吉姆·斯莱特将 1 看成 PEG 指标的重要临界值。当投资标的的 PEG 小于 1 时，才有投资的价值，若能小于 0.5 更佳。彼得·林奇也曾指出，最理想的投资对象，其 PEG 值应该低于 0.5。PEG 在 0.5~1 之间，是安全范围。PEG 大于 1 时，就要考虑该股有被高估的可能。相比于单纯的市盈率数值，PEG 指标更具有可操作性。在具体的实战操作中，投资者需要关注 3 个重要节点。

第一，历史 PEG 值。

投资者可对目标标的以往 3 年的 PEG 值进行计算，获得一个历史数据，并为判断当前 PEG 值所处的位置提供依据。

第二，计算当前 PEG 值。

当前 PEG 值是用来研判目标标的处于当前价位时是否具有投资价值的。一旦发现目标标的的 PEG 值小于 1，小于 0.5 则更好，可考虑执行买入操作。

第三，预测未来的 PEG 值。

预测未来的市盈率和净利润增长率并不容易，投资者可借助其他投资研究机构给出的数值，也可根据企业以往的财务数据进行估算。当然，估算的数值并不要求十分精确。投资者可根据估算的数值计算未来的 PEG 值。

下面以中科曙光为例进行介绍，其日 K 线走势如图 3-9 所示。

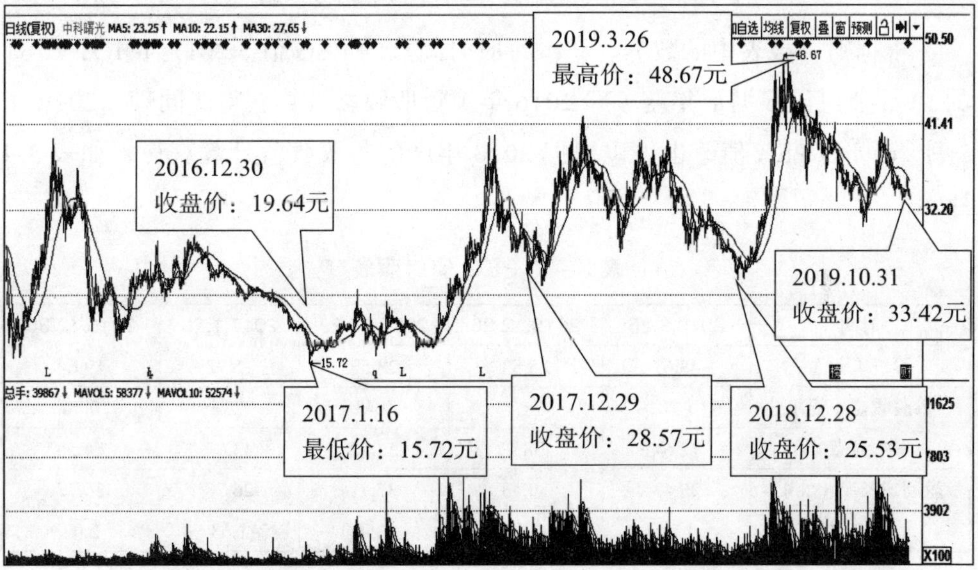

图 3–9　中科曙光（603019）日 K 线走势图

为了更准确地判断当前 PEG 值所处的位置，我们需要研判以往 3 年（2016—2018 年年底）的 PEG 值，以及近几年的股价历史高点 PEG 值和历史低点 PEG 值。中科曙光的财务数据如图 3-10 所示。

中科曙光 问董秘 603019 | 最新动态 新闻公告 | 公司资料 概念题材 | 股东研究 主力持仓 | 经营分析 财务概况 | 股本结构 分红融资 | 资本运作 公司大事 | 盈利预测 行业对比

财务诊断 财务指标 指标变动说明 资产负债构成 财务报告 杜邦分析

按报告期 按年度 按单季度

科目\年度	2018	2017	2016	2015	2014	2013
成长能力指标						
净利润(元)	4.31亿	3.09亿	2.24亿	1.77亿	1.16亿	9668.78万
净利润同比增长率	39.43%	37.71%	26.77%	52.70%	19.81%	-36.14%
扣非净利润(元)	2.72亿	2.06亿	1.67亿	1.46亿	7348.38万	6907.01万
扣非净利润同比增长率	31.98%	23.04%	14.30%	99.16%	6.39%	-45.35%
营业总收入(元)	90.57亿	62.94亿	43.60亿	36.62亿	27.97亿	20.00亿
营业总收入同比增长率	43.89%	44.36%	19.06%	30.94%	39.86%	20.48%
每股指标						
基本每股收益(元)	0.6700	0.4800	0.3600	0.5900	0.4900	0.4300
每股净资产(元)	5.69	4.89	4.52	4.47	3.94	3.18
每股资本公积金(元)	2.65	2.44	2.45	1.32	1.32	0.54
每股未分配利润(元)	1.86	1.33	0.97	2.00	1.51	1.51
每股经营现金流(元)	0.98	0.07	-0.38	0.10	0.10	0.85

图 3–10　中科曙光（603019）财务数据

根据财务报表中的数据，获得每股时间点的 PEG 值。2017 年 1 月 16 日的 PEG 值可以根据上年度（即 2016 年）每股收益计算获得。同理，2019 年 3 月 26 日的 PEG 值，也可以根据 2018 年度的每股收益计算获得，如表 3-4 所示。

表 3–4　PEG 值对照表

时间	2019.3.26	2018.12.28	2017.12.29	2017.1.26	2016.12.30
股价（元）	48.67	25.53	28.57	15.72	19.64
每股收益（元）	0.67（2018）	0.67	0.48	0.36	0.36
市盈率	72.64	38.1	59.52	43.67	54.56
盈利增长率（%）	39.43	39.43	37.71	26.77	26.77
PEG 值	1.84	0.97	1.58	1.63	2.04

从表 3-4 中可以看出，该股 PEG 值的波动范围较小，运行范围从 0.97~2.04 不等，其中股价与市盈率均创新高的 2019 年 3 月时段，PEG 值尽管较高，却不是最高的。2016 年年底 PEG 值较高，不过两者的 PEG 值较为接近，说明 PEG 值超过 1.8 之后，股价就会进入高估区域。

以 2019 年 10 月 31 日为基准计算 PEG 值。2019 年 10 月 31 日的股价收盘为 33.42 元，2018 年年末的每股收益为 0.67 元，净利润增长率为

39.43%。该股当日的市盈率为 49.89 倍，PEG 值计算公式如下：

PEG 值 =49.89/39.43 ≈ 1.27

也就是说，2019 年 10 月 31 日的 PEG 值比 2018 年年底的 PEG 值略高，但距最近两年的 PEG 值高点较远，说明该股投资价值尚可。

还可以对该股未来 PEG 值进行预测。根据该股的历史利润增长率情况，可以将未来一年的利润增长率预测值设定在 40%，其市盈率则可能维持在 70 倍左右。也就是说，该股 PEG 值很可能在 1.75 左右，未来 1 年内，该股的投资价值一般。

不过，投资者在选择股票时，不能仅用一个标准来做判断，还需参考其他因素。特别是一些净利润增长率浮动较大的个股，更应该从多角度研判其投资价值。

四、以市净率分析股票价值

我们想要买入某个物品前，肯定要先看看这件物品到底值多少钱，没有人愿意花高价买便宜货。同样，投资者在选择成长股时，也要选择那些价值明显低估、投资价值较高的股票。

市净率指的是每股股价与每股净资产的比率。市净率可用于股票投资分析，一般来说，市净率较低的股票，投资价值较高，相反，则投资价值较低。在判断投资价值时，还要考虑当时的市场环境以及公司经营情况、盈利能力等因素。市净率计算公式如下：

市净率 = 每股股价 / 每股净资产

通常情况下，市净率为 1 是一个比较重要的临界点。

市净率小于 1，则说明股票的股价低于每股净资产。换句话说，如果这家公司按照净资产值出售，那么，你按照股价买入该股肯定会盈利。不过，一只股票的市净率低于 1，说明该股的盈利能力存在不足，并未获得市场的认可。这类股票可能在相当长的时间内，涨幅都十分有限。当然，若是暴涨行情来临时，这类股票的价格也会水涨船高。

市净率大于 1，则说明每股股价高于每股净资产，股价存在一定的溢价情况。不过，市场上大多数投资者愿意以高于净资产的价格买入股票，说明市场对其价值的认可。

市净率与资产负债率相似，很难直接用其筛选股票。投资者若借助炒股软件直接对市净率从低到高排名就会发现，大量银行股、钢铁股、能源股都属于低市净率范畴的股票，如图 3-11 所示。

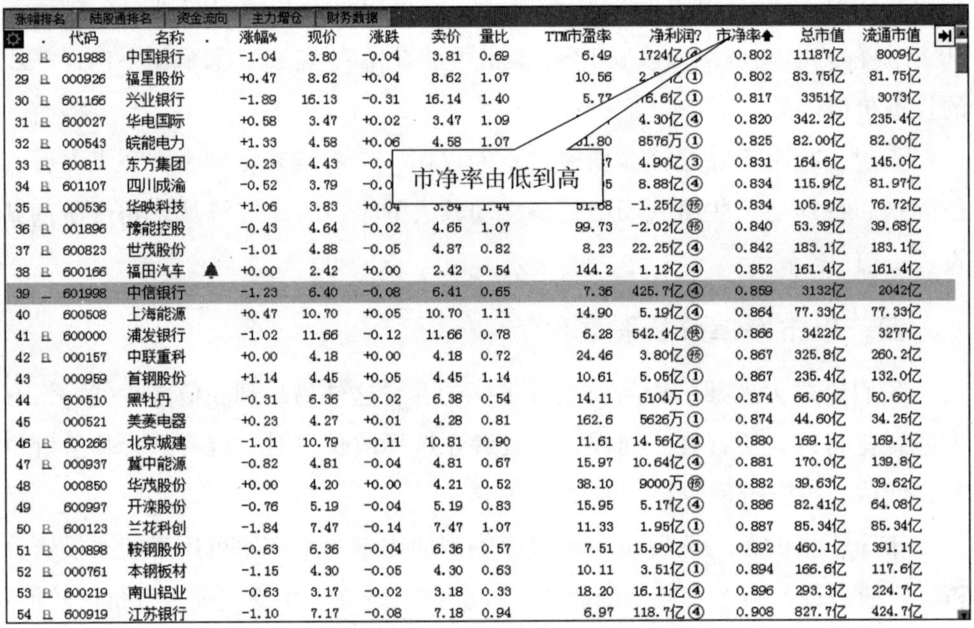

	.	代码	名称	.	涨幅%	现价	涨跌	卖价	量比	TTM市盈率	净利润?	市净率↑	总市值	流通市值
28	B	601988	中国银行		-1.04	3.80	-0.04	3.81	0.69	6.49	1724亿④	0.802	11187亿	8009亿
29	B	000926	福星股份		+0.47	8.62	+0.04	8.62	1.07	10.56	[illegible]	0.802	83.75亿	81.75亿
30	B	601166	兴业银行		-1.89	16.13	-0.31	16.14	1.40	5.77	[illegible]	0.817	3351亿	3073亿
31	B	600027	华电国际		+0.58	3.47	+0.02	3.47	1.09	[illegible]	4.30亿④	0.820	342.2亿	235.4亿
32	B	000543	皖能电力		+1.33	4.58	+0.06	4.58	1.07	[illegible]	8576万①	0.825	82.00亿	82.00亿
33	B	600811	东方集团		-0.23	4.43	[illegible]	[illegible]	[illegible]	[illegible]	4.90亿③	0.831	164.6亿	145.0亿
34	B	601107	四川成渝		-0.52	3.79	[illegible]	[illegible]	[illegible]	[illegible]	8.88亿④	0.834	115.9亿	81.97亿
35	B	000536	华映科技		+1.06	3.83	+0.04	[illegible]	[illegible]	[illegible]	-1.25亿(预)	0.834	105.9亿	76.72亿
36	B	001896	豫能控股		-0.43	4.64	-0.02	4.65	1.07	99.73	-2.02亿(预)	0.840	53.39亿	39.68亿
37	B	600823	世茂股份		-1.01	4.88	-0.05	4.87	0.82	8.23	22.25亿④	0.842	183.1亿	183.1亿
38	B	600166	福田汽车	▲	+0.00	2.42	+0.00	2.42	0.54	144.2	1.12亿④	0.852	161.4亿	161.4亿
39	_	601998	中信银行		-1.23	6.40	-0.08	6.41	0.65	7.36	425.7亿④	0.859	3132亿	2042亿
40		600508	上海能源		+0.47	10.70	+0.05	10.70	1.11	14.90	5.19亿④	0.864	77.33亿	77.33亿
41	B	600000	浦发银行		-1.02	11.66	-0.12	11.66	0.78	6.28	542.4亿(快)	0.866	3422亿	3277亿
42	B	000157	中联重科		+0.00	4.18	+0.00	4.18	0.72	24.46	3.80亿(预)	0.867	325.8亿	260.2亿
43		000959	首钢股份		+1.14	4.45	+0.05	4.45	1.14	10.61	5.05亿①	0.867	235.4亿	132.0亿
44		600510	黑牡丹		-0.31	6.36	-0.02	6.38	0.54	14.11	5104万①	0.874	66.60亿	50.60亿
45		000521	美菱电器		+0.23	4.27	+0.01	4.28	0.81	162.6	5626万①	0.874	44.60亿	34.25亿
46	B	600266	北京城建		-1.01	10.79	-0.11	10.81	0.90	11.61	14.56亿④	0.880	169.1亿	169.1亿
47	B	000937	冀中能源		-0.82	4.81	-0.04	4.81	0.67	15.97	10.64亿④	0.881	170.0亿	139.8亿
48		000850	华茂股份		+0.00	4.20	+0.00	4.21	0.52	38.10	9000万(预)	0.882	39.63亿	39.62亿
49		600997	开滦股份		-0.76	5.19	-0.04	5.19	0.83	15.95	5.17亿④	0.886	82.41亿	64.08亿
50	B	600123	兰花科创		-1.84	7.47	-0.14	7.47	1.07	11.33	1.95亿①	0.887	85.34亿	85.34亿
51	B	000898	鞍钢股份		-0.63	6.36	-0.04	6.36	0.57	7.51	15.90亿①	0.892	460.1亿	391.1亿
52	B	000761	本钢板材		-1.15	4.30	-0.05	4.30	0.63	10.11	3.51亿①	0.894	166.6亿	117.6亿
53	B	600219	南山铝业		-0.63	3.17	-0.02	3.18	0.33	18.20	16.11亿④	0.896	293.3亿	224.7亿
54	B	600919	江苏银行		-1.10	7.17	-0.08	7.18	0.94	6.97	118.7亿④	0.908	827.7亿	424.7亿

图 3–11　市净率由低到高排名（2018.4.25）

从图 3-11 可以看出，截至 2018 年 4 月 25 日，A 股市场上出现了多只市净率低于 1 的股票。不过，这些股票多是一些占用资产较高的银行股、能源股和钢铁股。这些股票的市净率低于 1，固然有整个股市行情不振的因素，但也有自身资产较重，盈利能力不足的原因。反之，若股票市净率较高，一方面可能存在过度炒作的可能，另一方面也说明市场对其未来盈利能力的认可。

市净率可以作为投资者筛选成长股的一个剔除性指标。市场上普遍将 3 倍左右的市净率看成一个比较健康的比率。市净率太高（如超过 10 倍），说明股价偏离股票的内在价值较多，未来有回调的可能。投资者在操作时，可从上市公司中剔除那些市净率超过10倍的股票。当然，若大盘出现大幅上涨行情时，市净率必然也会水涨船高，这时候市净率的标准也可以设定得更高一些。当大盘上涨至较高水平，整个市场的市净率都超过10倍时，也就不再是进场的最佳时机了。

第三节　选择具有显著竞争优势的企业

具有显著竞争优势的企业，是指那些在过去建立起来的，能够显著地与其他同类企业进行区分的某种竞争优势，这种竞争优势必须是其他企业不具备的，也不可能与之比拟的，也就是通常所说的具有特许经营权的企业。拥有这种竞争优势的企业，相当于掌握了非对称打击力量，在与竞争对手的竞争中可以轻松获胜。这种竞争优势可以是某种技术、品牌或某种产品配方等。

关于特许经营权，巴菲特在1991年致股东的信中给出了清晰定义："有市场特许经营权的产品和服务具有以下特质：①它被人们需要或渴求；②被消费者认为找不到其他替代品；③不受价格管控的约束。企业是否存在以上3个特质，可以从企业能否定期且自由地对其产品与服务定价，从而赚取较高的资本回报上看。此外，特许事业能够容忍不当的管理。低能的经理人尽管会降低特许事业的获利能力，但不会对其造成致命伤害。"

科技创新行业特许经营权的企业，其对盈利的影响能力要弱于医药健康领域和消费品领域。在科技创新领域，拥有某一项特殊技术或者垄断某类特殊的资源，都可以称之为特许经营权。像拥有5G牌照的中国电信、中国联通、中国移动以及中国广电，就是典型的拥有特许经营权的企业。

特许经营权通常情况下都能给企业带来丰厚的利润，不过，并不是每个拥有特许经营权的企业，股价都会不断走高。投资者还需要关注以下几点。

第一，特许经营权的可持续期。

有些特许经营权可能会一直存在，而有些特许经营权会有一定的期限。这就如同专利保护期一样，一旦企业持有的特许经营权到期，那么，企业的高回报将无法持续。

第二，特许经营权的价值大小。

有些企业的特许经营权所获的收益相对较小，而企业的支出可能很大，这种特许经营权对投资者而言就要大打折扣。

第三，内部成本控制水平。

特许经营权可以为企业带来丰厚的回报，但企业利润的形成除了收入项目外，还有成本与支出项目。若企业内部成本控制做得不到位，仍有可能出现手握特许经营权却连年效益不佳的情况。

曙光信息产业股份有限公司主营业务为研究、开发、生产高性能计算机、通用服务器及存储产品，并围绕高端计算机提供软件开发、系统集成与技术服务，是一家高新技术企业。

中科曙光从事的计算机硬件研发与生产行业本身是一个竞争非常激烈的行业，利润率极低。但是，中科曙光与其他计算机硬件企业明显不同的是，它是一家有中科院背景的企业。中科曙光承担了中科院计算所创新项目产业化的职能。也就是说，中科院的一些研发成果会通过中科曙光进行商业化，而中科院是国内高层次人力资源、科研资源集中的场所，所以中科曙光享有其他企业不具备的独特优势。

从中科曙光的财务报表可以看出，该公司近几年的净资产收益率都维持在 10% 以上，考虑到该公司是超级计算机领域内的霸主，该股未来的成长性良好。中科曙光的日 K 线走势如图 3-12 所示。

中科曙光的股价在其上市后一直呈震荡上升态势。该股股价每次创下一个新高后都会有回调动作，其后再度创出新高，如此往复。该股股价从 2019 年年初出现了加速上攻迹象，这与中美贸易摩擦有关。中科曙光作为科技行业的龙头企业，受到了很多资金的追捧，使得股价短期内大幅走高。

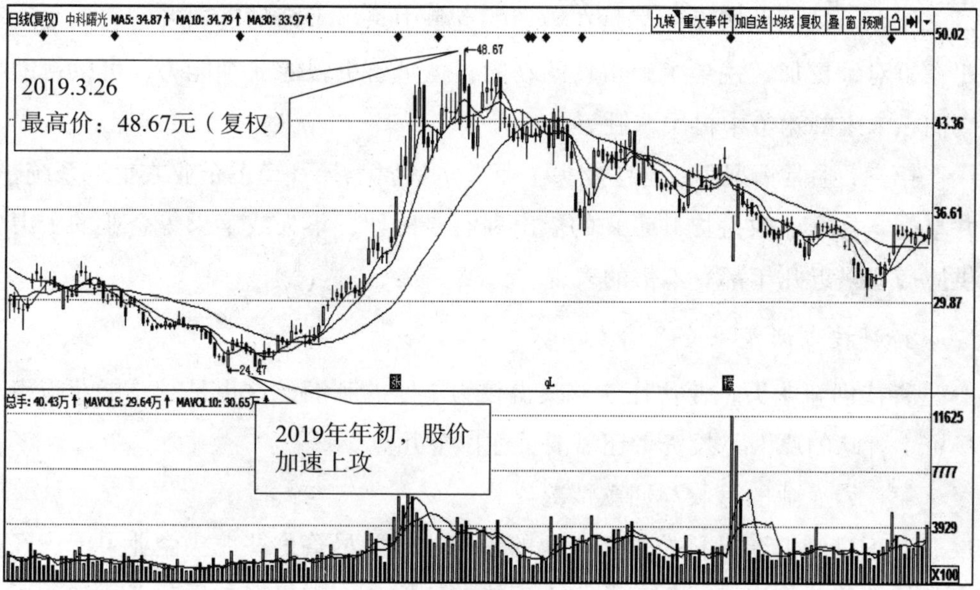

图 3-12 中科曙光（603019）日 K 线走势图

相对于其他高科技企业，中科曙光先天就具有特许经营权（包括中科院的金字招牌和中科院的相关科研成果），这种权利与中科院背景密不可分。只要中科院仍旧控股中科曙光，这种先天的经营特许权就一直存在。

一、科技创新龙头企业

科技创新领域是一个孕育无数投资机会的领域。很多大型巨无霸企业都来自科技创新领域。这一领域竞争激烈，获利最为丰厚的往往是那些龙头企业，如阿里巴巴、腾讯、京东、华为、百度等企业。若能在合适的机会买入科技创新领域的垄断企业股票是最好的；若没有机会，购入一些科技创新领域的龙头企业股票也是不错的选择。

1. 科技创新龙头企业特征

第一，企业的主要产品属于科技创新领域，都是大家日常所使用或消费的。当然，这类企业也有可能是专门为某一类产品或相似产品提供零部件、配件的。总之，市场必须极为广阔，而且随着科技的更新换代与升级，企业未来的成长空间更大，比如 5G、互联网、电子消费品。

第二，这些龙头企业都是在激烈的竞争中杀出重围的胜利者，它们往往比竞争对手更加敏锐地了解市场的动向，也具备更强的获利能力，可以帮助它们在未来的竞争中再次取胜。

第三，通常情况下，这些龙头企业大多从属于某一霸主企业或生态系统，并享受霸主企业效益提升带来的溢出利润。比如，华为或苹果等企业的主力供应商在最近几年都有不俗的表现。

2. 科技创新龙头企业分析要点

科技创新龙头企业往往能够获得较为丰厚的利润，这也是其总能获得市场资本青睐的原因。投资者还需要关注以下几点。

第一，企业的营收与回款情况。

“不进则退”是科技创新企业的生存法则。尽管这些龙头企业可能已经有了较大的营收规模，但营业收入不能持续增长，则仍有被后起者反超的可能。要想生存，只能比别人跑得更快。同时，现金流是一个企业的血液，若没有现金储备和稳定的现金流，企业就存在失血过多的可能。投资者在分析这类企业时，需要重点关注营业收入增长率和现金流情况。

第二，核心产品竞争能力。

尽管科技创新领域龙头企业的产品不止一类，但按照“二八法则”，一家企业 80% 的利润往往是由最核心的 20% 的产品贡献的。投资者在分析这类企业时，需要从该企业最核心的产品入手，分析这些核心产品在市场上的竞争力，包括单品销售增长率、单品利润率、竞品销量等。

第三，内部成本控制水平。

相比其他企业，科技创新龙头企业更应该是内部成本控制水平较高的企业。身处一个单品利润率较低的行业，若不能很好地控制成本，企业盈利就会变得异常困难。特别是一些从属于其他霸主企业生态系统中的企业，这些企业的获利空间相对有限，毕竟利润的大头都被霸主企业拿走了，因而必须通过内部成本控制来提升利润水平。比较典型的企业如工业富联、光弘科技等。

立讯精密是精密组件领域的龙头企业。该公司的主要业务是连接器产品的研发、生产和销售，其中，电脑连接器及精密组件是核心产品。该公司生产的连接器及精密组件产品为华为、苹果等企业提供支持，这在很大程度上保证了企业的营收和利润。

近年来，立讯精密的净资产收益率和销售毛利率一直保持在较高的水平。净资产收益率连年保持在 15% 以上，销售毛利率更是超过了 20%，这在元器件制造领域是十分难得的，说明该股具有极佳的成长性。立讯精密的日 K 线走势如图 3-13 所示。

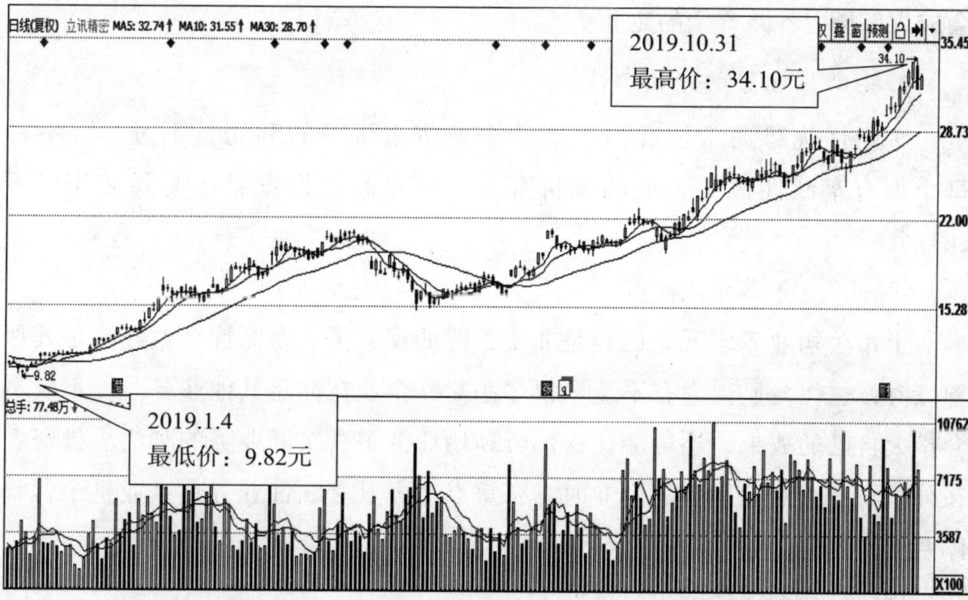

图 3–13　立讯精密（002475）日 K 线走势图

立讯精密的股价自 2019 年 1 月初的 9.82 元启动上涨，2019 年 10 月底达到了 34.10 元的高位，股价翻了 3 倍有余。

二、垄断性优势

垄断性优势有些时候会与高技术壁垒、技术优势重合，是一种绝对的竞争优势。若市场上只有一家企业能够提供给消费者所需的商品，那么这家企业就拥有了绝对的垄断性优势。

1. 垄断性优势的特征

第一，作为市场上某种商品的唯一供应商，消费者或客户并没有过多的选择。

第二，消费者或客户愿意为其商品提供相应的价格。

第三，市场上没有较好的替代品。

具有垄断性优势的企业往往有以上 3 个特征。这种垄断性优势也会体现在企业的财务报表上，即企业利润持续、稳定上升。当然，这类企业往往也会成为市场上各路资金的宠儿。

2. 垄断性优势的分析要点

垄断性优势通常情况下都能给企业带来可观的利润，不过，并不是每个拥有垄断性优势企业的股价都会不断走高。投资者还需要关注以下几点。

第一，业务多元化程度。

上市公司业务多元化已经是非常普遍的现象了。垄断性企业在涉足其他领域时，往往会显得力有不逮。很多垄断性企业在涉足其他业务时，不仅不会扩大自己的战果，还可能让这部分新增业务蚕食垄断业务的利润。投资者在分析具有垄断性优势的企业时，要重点考虑其垄断性业务在企业整个营收体系中所占的比重。

第二，垄断优势的可持续性。

垄断优势持续的时间越长，企业收益越大。不过，从历史经验来看，一家企业拥有的垄断优势会有时间限制，如某项技术被其他企业超越或者替代品出现，将会直接打破垄断局面。

第三，内部成本控制水平。

垄断优势也可以为企业带来丰厚的回报，但企业利润的形成除了收入项目外，还有成本与支出项目。若企业内部成本控制做得不到位，仍有可能出现手握垄断优势却连年效益不佳的情况。

从某种意义上来看，科技创新行业的垄断现象要远远多于其他行业，比如互联网行业内的谷歌、腾讯、阿里巴巴，软件行业内的微软，无人机行业内的大疆。不过，从国内已上市的科技企业中寻找垄断者相对比较困难。

厦门法拉电子股份有限公司主营业务是薄膜电容器、金属化膜及电子变压器的生产及销售。公司是目前全国最大的薄膜电容器制造厂商，也是薄膜电容器龙头企业。在电动汽车薄膜电容器领域，市场占有率超过 50%。

从法拉电子的财务报表中可以看出，该公司在近两年内的净资产收益率约为 20%。法拉电子的日 K 线走势如图 3-14 所示。

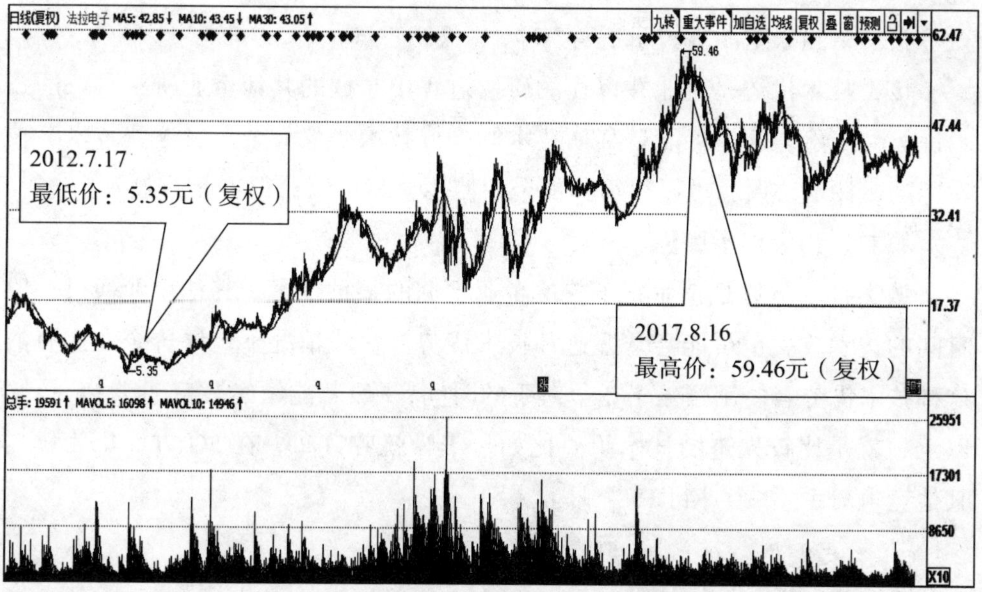

图 3-14　法拉电子（600563）日 K 线走势图

法拉电子的股价在其上市后一直呈震荡上升态势。该股股价每次创下一个新高后都会有回调动作，其后再度创出新高，如此往复。该股股价从 2012 年 7 月 17 日的 5.35 元（复权后价格），经过 5 年多的时间上涨至 2017 年 8 月 16 日的 59.46 元（复权后价格），股价上涨 10 倍有余。由此可见，对于投资者来说，选择一只具有垄断性优势的股票，往往都会有较为丰厚的回报。

三、强大的技术优势

技术优势是科技企业诸多优势中最重要的一种。手中握有核心技术，就相当于拥有了盈利保证。目前，尽管国内科技行业的发展已经比较成熟，但很多关键技术仍有待于突破。很多国外企业，特别是一些中小型企业，尽管规模不大，但因为手中握有核心技术，这些企业通过技术授权或出售某一拥有独特技术含量的零部件产品，就可以源源不断地从国内企业手中拿走很大比例的利润。

1. 技术优势的种类

第一，独家垄断性技术优势。

该类技术优势是企业在以往的研发过程中掌握的其他企业所不具备的技术优势。当然，这也可能是某项技术标准或技术协议。企业将这些技术、技术标准或技术协议通过授权给其他企业使用，就可以获得不菲的收入。

第二，相对技术优势。

该类技术优势是企业先于其他企业掌握的某种技术，其他企业通过一段时间的技术攻关也可能会掌握这种技术优势。一般情况下，评价企业拥有的这种技术优势会使用领先于竞争对手的时间，一般若能领先1年（通常以月计）以上，就是比较先进的技术了。比如，华为就曾宣布，在5G方面华为领先其他竞争对手12个月到18个月。

2. 技术优势的分析要点

技术优势通常情况下都能给企业带来可观的利润，不过，投资者利用技术优势选择绩优股时，还要注意以下几点。

第一，技术强势程度。

只有技术强势程度高，才能赢得更多的超额收益。其实，几乎所有的科技创新企业都有自己的技术，而且有些企业的技术确实能够为企业带来较高的收益。不过，投资者还要对比企业拥有的技术相比其他企业技术的强势程度。若为市场上独家拥有的技术，则可以获得较高的收益。目前，从国际科技竞争态势来看，人脸识别、5G、无人机、超高音速等技术，国内企业已经走在了世界的前面，投资者在选择先进性技术时，重点可以从这几个领域中寻找。

第二，技术优势的可持续性，即企业的研发投入。

一项技术领先于其他企业，并不代表企业未来所有的技术也能领先于其他企业。只有那些居安思危，不断加大研发投入的企业，才有可能在未来的竞争中赢得先机。

第三，内部成本控制水平。

与具有其他优势企业相同，强大的技术优势只能为企业在与其他企业的竞争中赢得优势，但这种优势能否转化为胜势，即获得实际利润，还要靠企业自身的内部成本控制来实现。

科大讯飞是目前 A 股市场上 AI 领域切合度最高的龙头企业。科大讯飞在语音技术领域领先于全球。同时，科大讯飞在认知智能领域处于世界领先水平，其自然语言处理（NLP）取得重大突破，技术处于国内领先地位。总之，在语音技术领域，无论在国内还是国际上，科大讯飞的技术优势都非常明显。科大讯飞的日 K 线走势如图 3-15 所示。

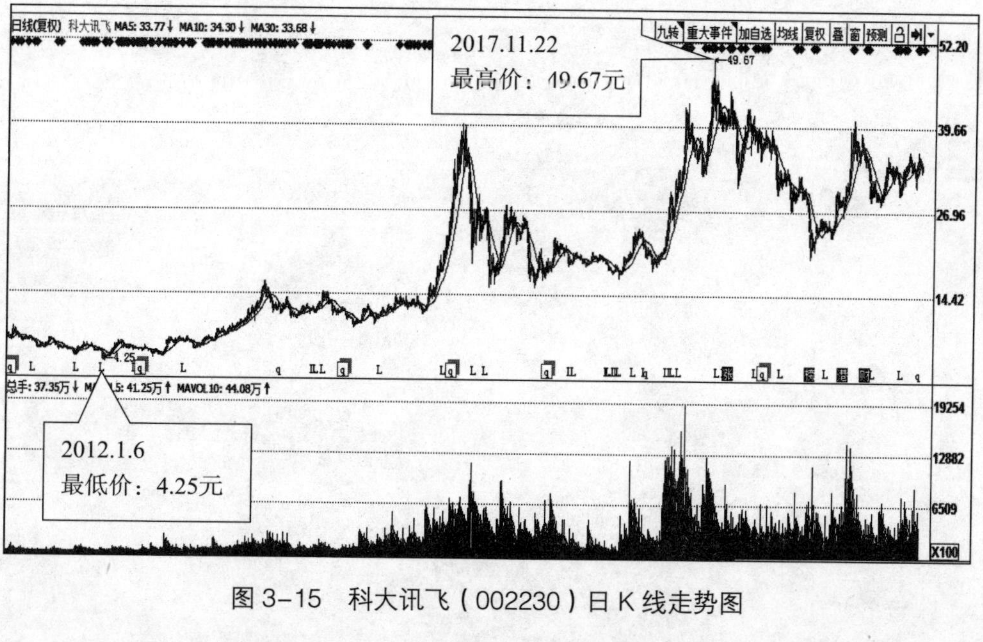

图 3-15　科大讯飞（002230）日 K 线走势图

科大讯飞的股价自 2012 年 1 月 6 日的 4.25 元（复权后价格）启动上涨，2017年11月22日达到了49.67元的高位，股价翻了10倍有余。股价大幅上升，反映出市场对其技术的认可程度。

当然，回顾该股的历史走势，还可以发现这样一个现象：该股的上升走势与其他大牛股与强势股不同，这只股票的价格波动幅度非常大，且经历了几次明显的高点与低点。其原因是：该股作为 A 股市场上典型的 AI 概念股，很容易吸引短线资金的关注，并出现短线大幅上涨走势。这些资金炒作一段时间后，股价肯定会有一个明显的回落过程。

第四章

电子科技行业投资研究

电子科技行业涵盖了芯片与集成电路等电子元器件领域、光电子领域、电子产品制造和电子材料领域等。其中，电子科技行业制造的产品，大部分都是充当其他行业基础性元器件的。也就是说，这是一个主要生产配件的行业。不过，很多电子元器件可能是一些产品中最核心的部分、最核心的技术。比如，半导体芯片就是很多电子产品的心脏和大脑。我国的电子元器件类产品相比发达国家还有一定距离，未来仍有很长的路要走。

电子行业具有几个显著特点，如图 4-1 所示。

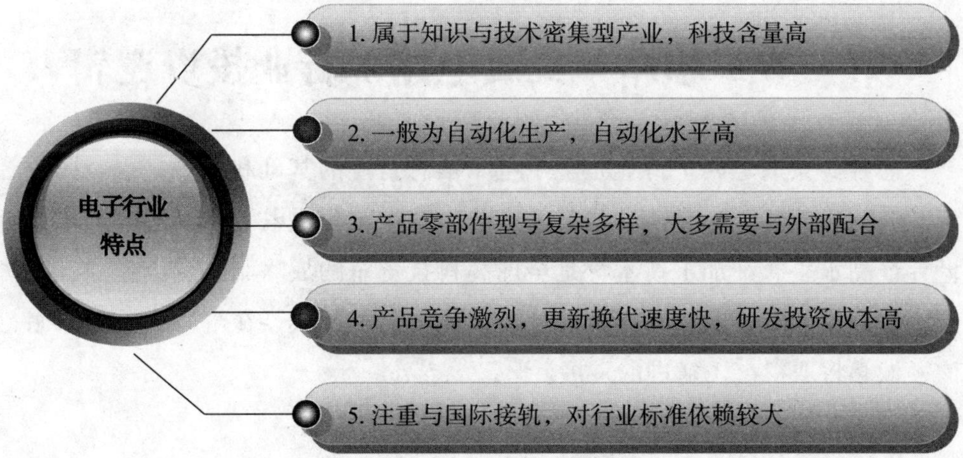

图 4–1 电子行业的显著特点

按照股票投资的分类方法，电子科技行业大致包括但不限于以下几个重要分支领域。

第一，芯片（集成电路）领域。这是电子行业中最重要、最核心的一个领域。从分类名称中可以看出，该领域主要包括芯片、集成电路以及印制电路板等的研发和制造。

第二，光学电子领域。这一领域是近年来电子行业中发展比较迅速的一个分支，很多显示屏技术都从属于光学电子领域。

第三，电子元器件领域。该领域是涵盖内容最多的一个领域，具体包括各类电子元器件的设计、生产和制造等，如电容器、电阻器、电感器、电子管、晶体管。

第四，电子制造领域。该领域涵盖各类电子产品或电子材料的生产和制造。如消费电子产品制造、各类可穿戴电子产品、各类电子产品的配件或附属品等。

第五，电子材料领域。该领域属于电子行业的上游产业，涵盖各类电子材料，包括半导体材料、磁性材料、化工材料以及金属材料等。

第一节　芯片（集成电路）行业投资逻辑

芯片（集成电路）行业是整个电子信息行业的基础和核心，也是国民经济发展的基础性、先导性和战略性产业。芯片（集成电路）制造技术是当今世界最高水平微细加工技术，是全球高科技竞争的战略制高点。目前，我国先后有多家大型企业宣布投资芯片（集成电路）领域。在可以预见的未来，该领域必将取得突飞猛进的发展。

一、芯片（集成电路）行业竞争分析

近年来，随着手机、物联网以及各类电子产品需求的不断增长，芯片（集成电路）产业也迎来了一波跨越式发展。

1. 芯片（集成电路）行业的发展情况

芯片（集成电路）行业属于整个电子新兴行业的上游，受市场需求影响极大。近年来，芯片（集成电路）的产量和销售额不断创出新高，如图 4-2 所示。

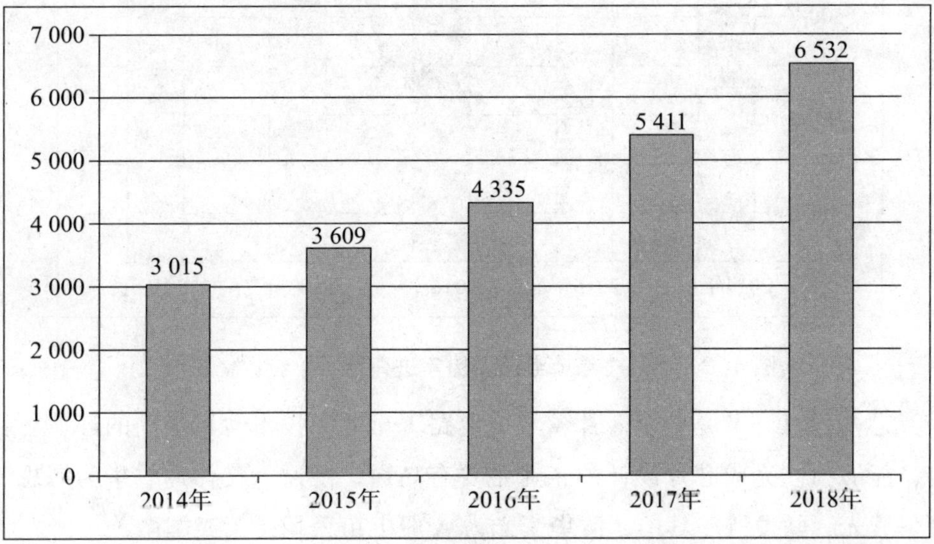

图 4–2　芯片（集成电路）行业销售额（单位：亿元）

特别是由于前些年市场对芯片（集成电路）行业的重视不够，使得该行业的发展远远落后于发达国家，很多企业的芯片（集成电路）都需要从国外进口，这就使得芯片（集成电路）的进口量呈现出逐年上升的势头，如图 4-3 所示。

相比于国内生产的芯片（集成电路），国外进口的产品在性能、质量和价格方面都要更高。也就是说，国内的芯片（集成电路）生产方面追上国际先进水平还有很长的路要走。

2. 芯片（集成电路）行业的竞争态势

在芯片（集成电路）整个产业链中，核心环节大致可以分为 3 个部分。

第一，芯片设计。

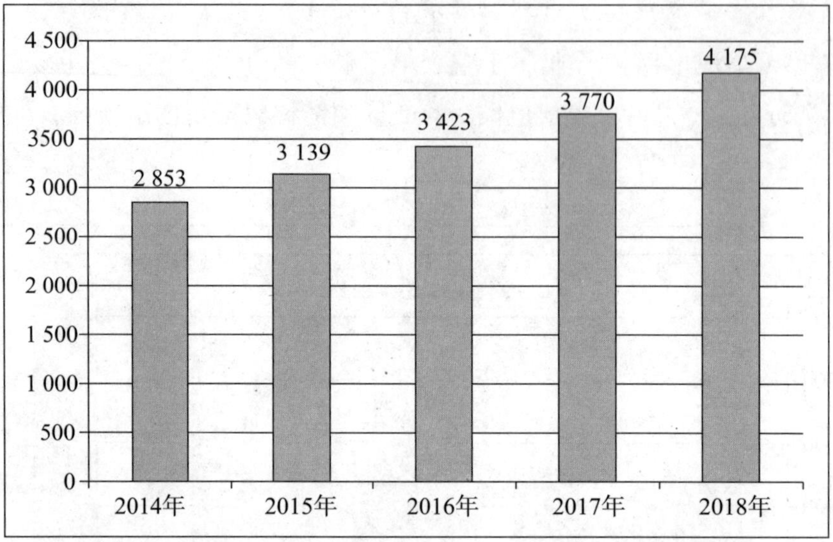

图 4–3　芯片（集成电路）历年进口量（单位：亿块）

芯片设计环节是整个芯片（集成电路）行业中技术含量最高的环节。目前，能够独立完成芯片设计的企业主要有高通、博通、英伟达、华为海思、清华紫光、联发科。其中，清华紫光为 A 股上市公司（紫光国微）。

第二，芯片制造。

芯片制造是芯片（集成电路）行业的中心环节。同时，芯片制造需要拥有相应的高端精密设备。目前，能够完成芯片制造的企业包括台积电、三星、联电、格罗方德、中芯国际和华虹宏力。

第三，封装测试。

芯片封装是芯片（集成电路）行业的最后环节。目前，能够从事芯片封装测试的企业相对较多，包括日月光、艾克尔、京元电、江苏长电（长电科技）、天水华天（华天科技）以及通富微电等。后面 3 家企业均为 A 股上市公司。

3. 芯片（集成电路）行业的发展阻力

芯片（集成电路）领域具有典型的技术密集型行业特征，即技术水平越高的阶段，利润越高，进入壁垒越厚，反之则利润较低。目前，我国的企业进入芯片（集成电路）高端领域的阻力较多，其中最主要的阻力来自以下两个方面。

第一，技术阻力。

在芯片（集成电路）设计领域，很多行业技术标准都有知识产权保护，很多技术都申请了专利，且被相应的企业垄断，后来的企业打破技术垄断非常困难。

第二，高端设备阻力。

在芯片制造领域，并非投入资金就可以购买设备。比如，生产芯片所需的核心设备——光刻机，就是一个典型的例子。世界顶级光刻机是由荷兰ASML公司生产制造的，该公司生产的光刻机，单台设备售价超过1亿美元。由于一些原因，我国企业难以买到该机器，因此，国内企业只能购买性能相对较差的光刻机，这就使得国内的芯片制造企业很难制造高端芯片。

二、芯片（集成电路）企业投资逻辑

2019年上半年，芯片（集成电路）领域被不断提及，一时间，只要涉及芯片（集成电路）领域的企业股票，都出现了大幅上攻走势。在这种时候，对于想要在芯片（集成电路）领域寻找合适投资标的的投资者来说，尤其需要谨慎。有些股票尽管上升势头不错，但由于企业核心业务并非芯片（集成电路），或者这些企业只是做了一些与芯片（集成电路）有关的业务，股价就被资金推动上攻了，但肯定是无法长久的。我们要寻找的是在未来数年内能够真正从芯片（集成电路）发展中获益的企业。因此，投资者需要遵循以下几个原则。

第一，寻找占领技术制高点的企业。前面曾经介绍过，在芯片（集成电路）领域中，芯片设计环节属于技术含量最高的一个环节，也是国内发展最薄弱的一个环节。目前，能够自主设计芯片的企业主要有华为海思和清华紫光（紫光系企业中紫光国微、紫光展锐、长江存储等企业都从事芯片相关业务，投资者可重点关注）。市场上还有一些企业做各类开关或触控器等产品的芯片，如卓胜微、汇顶科技、中颖电子、国科微、圣邦股份、全志科技等。不过，从技术含量上来看，华为海思更高一些，与国际水平更接近。

第二，要考虑技术升级换代的影响。在芯片（集成电路）领域，开发一项产品所需投入的资金、人力都非常高，但又不得不面对技术升级换代的挑战。随着科技的进步，这种升级换代的步伐越来越快，投资者应选择那种能够引领或者紧跟技术进步脚步的企业。

第三，通常情况下，技术含量很高的产品，其毛利率总是会随着时间的推进而不断降低，因此，必须有新的主打产品能够接续，否则企业的营收和净利走低将不可避免。也就是说，同属于在售芯片产品，因其所处的周期不同，毛利水平也会有所不同。这与消费行业和医药行业明显不同。

三、芯片（集成电路）企业——紫光国微

紫光国微是技术水平较高的芯片（集成电路）设计与生产厂商，投资者要特别留意该公司。

紫光国芯微电子股份有限公司是一家主要从事高档元器件和电子芯片开发、生产和销售的公司。自 1997 年以来，公司的产量和销售收入在国内压电石英晶体行业一直排名第一。紫光国微属于紫光系主要企业之一，背靠紫光集团，依托清华大学的资源，拥有丰富的人才储备，是国内最大的集成电路生产企业和第三大手机芯片生产企业。

1. 基本产品线与盈利构成

紫光国微作为芯片（集成电路）领域内的代表企业，其收入主要来自各种芯片和集成电路的生产和销售。紫光国微的产品销售与利润占比情况如表 4-1 所示。

从表 4-1 中可以看出，紫光国微的整个收入非常简单、清晰，都是围绕集成电路和电子元器件展开的，其中集成电路的占比非常高，占收入的 93.61%。从紫光国微的整体毛利率来看，集成电路的毛利率在 31% 左右，说明集成电路行业的毛利率一般，并非想象中的那么高，也说明可能存在企业的主打产品还未真正放量或者进入回收期的情况。

表 4-1　紫光国微的产品及收入构成（2018 年度）

业务名称		营业收入（元）	收入比例	营业成本（元）	成本比例	利润比例	毛利率
按行业	集成电路	22.97 亿	93.61%	15.84 亿	92.29%	96.68%	31.05%
	电子元器件	1.57 亿	6.39%	1.32 亿	7.71%	3.32%	15.62%
按产品	智能芯片业务	10.36 亿	42.16%	7.81 亿	45.51%	34.39%	24.59%
	存储器芯片业务	6.55 亿	26.65%	6.06 亿	35.29%	6.63%	7.50%
	特种集成电路业务	6.12 亿	24.89%	2.03 亿	11.81%	55.20%	66.85%
	晶体业务	1.58 亿	6.42%	1.33 亿	7.76%	3.32%	15.59%
	管理总部	2 298.86 万	0.94%	1 961.16 万	1.14%	0.46%	14.69%
	分部间抵销	−2 600.72 万	−1.06%	−2 600.72 万	−1.51%	—	—
按地区	境内	18.45 亿	75.07%	11.58 亿	67.51%	92.54%	37.23%
	境外	6.13 亿	24.93%	5.58 亿	32.49%	7.46%	9.03%

从产品分类可以看出，在紫光国微的所有产品中，特种集成电路业务的毛利率最高，达到了 66.85%，但其占销售收入的比重不到 1/4。智能芯片作为该公司的主打产品，其毛利率只有 24.59%，说明该公司在智能芯片领域面临的竞争较大。

在存储芯片领域，紫光国微属于该领域的极少数，也是市场最为看重的一块内容，但由于紫光国微只做设计，没有生产，导致企业并未在存储芯片价格上升中获利，反而因为企业规模相对较小，议价能力弱，不得不接受高价产品，导致毛利被蚕食。

2. 紫光国微财务数据

紫光国微前几年的财务与收益数据情况如表 4-2 所示。

表 4-2　紫光国微财务数据

时间	2018	2017	2016	2015	2014
每股收益（元）	0.57	0.46	0.55	0.55	0.5
净利润增长率	24.33%	−16.73%	0.19%	10.23%	11.68%
营业总收入（亿元）	24.58	18.29	14.19	12.5	10.87
每股净资产（元）	6.25	5.76	5.26	4.74	4.31
净资产收益率	9.56%	8.39%	11.09%	12.24%	12.25%

从紫光国微的财务数据情况来看，可以获得如下几个事实。

第一，从紫光国微历年的净利润增长数据可以看出，2014—2017 年属于企业经营比较困难的时期，该公司的净利润水平几乎在原地踏步。其实，这与行业景气程度不高有关。从 2018 年开始，由于市场对自主芯片领域越发重视，企业在相关领域的布局开始取得回报。未来，该公司的净利润水平有望继续走高。

第二，从紫光国微的营收来看，近年来，该公司的营收规模持续放大，且从 2018 年开始营收增速明显加快。未来随着特种集成电路和存储芯片双双放量，营收增速还将加快。

第三，从该股的净资产收益率水平来看，该股的净资产收益率一直维持在 10% 左右，说明目前该股的投资收益情况一般。若从未来考虑，该公司的芯片与集成电路业务发力之后，也是可以接受的。

3. 紫光国微的整体分析

从紫光国微的财务报表中还可以看到，截至 2018 年年底，该公司的现金余额为 11.3 亿元。对于一家不足 25 亿元营收的企业而言，这种现金余量已经非常高了。截至 2018 年年底，该公司的应收账款达到了 10.89 亿元，而预收账款仅为 2 000 多万元，说明该公司对下游企业的控制能力不足，存在一定的财务风险。与此同时，该公司的商誉是 8.07 亿元，也处于较高的水平，存在一定的暴雷风险。同时，2018 年度，该公司的研发费用仅为 1.28 亿元，对于一个研发型企业而言，这种投入落后于同类企业。从财务数据上来看，该企业的资产质量并不具有特别突出的优势。

尽管紫光国微目前的资产质量一般，但由于其从属于紫光系，还存在收购长江存储（因长江存储暂时无法盈利，上市公司不得不推迟收购。若收购成行，紫光国微将成为国内 DRAM 和 NAND FLASH 双料存储器龙头）的可能，这都使得紫光国微具有了更高的投资价值。

4. 紫光国微估值分析

若以 2018 年年底每股收益 0.57 元为基准，并以 30% 的净利润增长率计算，2019 年的每股收益为 0.74 元，2020 年的每股收益为 0.96 元。以科技行业 50 倍左右的市盈率计算，该股 2019 年的合理估值应该在 37 元左右。若该股的净利润增速能达到 30%，那么，该股 50 倍市盈率所对应的 PEG 值为 1.67，略高；若将市盈率降至 30 倍，则估值大约为 22.2 元，PEG 值为 1，是一种可接受的水平。紫光国微的股价走势如图 4-4 所示。

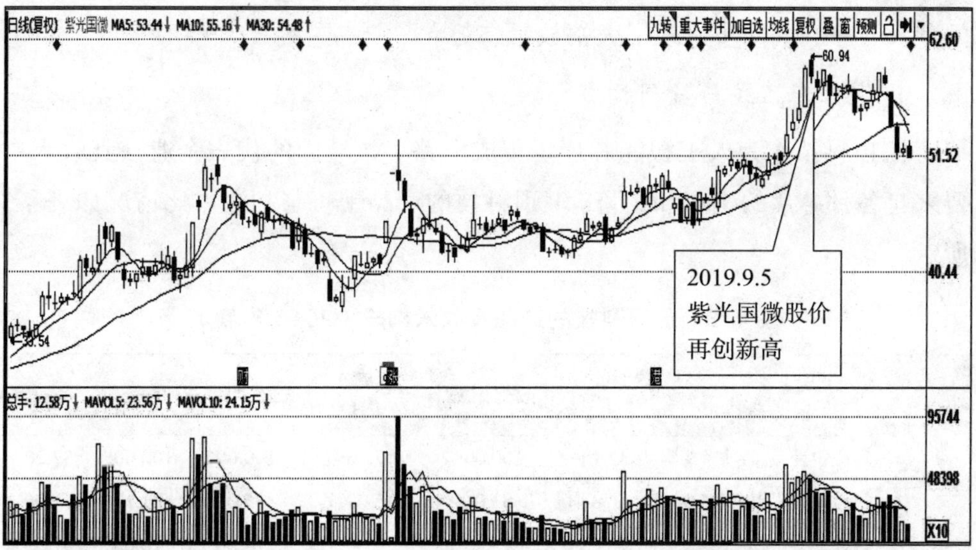

图 4-4　紫光国微（002049）日 K 线走势图

紫光国微的股价在 2019 年年初随着大盘的反弹出现了一波上攻走势。大盘出现调整时，紫光国微的股价出现了横向调整走势。很多长线牛股都曾出现过类似走势，即大盘上涨它跟涨，大盘下跌它横盘。2019 年 9 月初，紫光国微的股价出现了爆发式上攻，站在了 60.94 元的位置。通过之前对紫光国微股价的估值分析可知，该股的合理价格区间应该在 22.20~37 元之间，此时股价已经超越了估值上线，说明股价存在一定的高估。想要入场买入该股的投资者，可在股价出现回调时少量布局建仓。

大家应该了解一点，科技股的股价受短线资金推动的影响非常大。当一波行情启动时，股票价格可能在短期内被推升至很高的位置。投资者在操作这类股票时，可考虑在坚持长线持仓的同时，适度参与短线交易，以博取投资收益最大化。

四、芯片（集成电路）企业——汇顶科技

深圳市汇顶科技股份有限公司主要从事智能人机交互技术的研究与开发，公司主要产品为电容触控芯片和指纹识别芯片，以及固定电话芯片产品。随着华为、小米等企业的手机陆续搭载最新的指纹识别芯片，使得汇顶科技的营收与净利润同步出现了大幅放量态势。

1. 基本产品线与盈利构成

汇顶科技作为人工智能芯片（集成电路）领域内的代表企业，其收入主要来自各种芯片的生产和销售。汇顶科技的产品销售与利润占比情况如表 4-3 所示。

表 4-3　汇顶科技的产品及收入构成（2018 年度）

业务名称		营业收入（元）	收入比例	营业成本（元）	成本比例	利润比例	毛利率
按行业	集成电路	37.15 亿	100.00%	17.76 亿	100.00%	100.00%	52.20%
	指纹识别芯片	30.84 亿	83.01%	15.09 亿	85.00%	81.19%	51.06%
按产品	触控芯片	6.26 亿	16.85%	2.64 亿	14.86%	18.66%	57.83%
	其他芯片	341.76 万	0.09%	133.37 万	0.08%	0.11%	60.97%
	固定电话芯片	197.38 万	0.05%	117.74 万	0.07%	0.04%	40.35%
按地区	境内	30.67 亿	82.55%	14.09 亿	79.36%	85.47%	54.05%
	境外	6.48 亿	17.45%	3.66 亿	20.64%	14.53%	43.47%

从表 4-3 中可以看出，汇顶科技的整个收入来源于各类芯片业务，其中又以指纹识别芯片为最高。从汇顶科技集成电路产品的整体毛利率来看，该公司的毛利率水平达到了 52.2%，远远高于紫光国微。当然，两者从属于不同的芯片开发领域，所以也不能直接对比。

从产品分类中可以看出，在汇顶科技的所有产品中，指纹识别芯片的营收占比达到了 83% 左右，毛利率接近企业整体的毛利率水平。由于指纹识别芯片主要用于智能手机的指纹识别，因而未来会随着新出厂智能手机的增加

而不断增加。固定电话芯片的毛利率水平最低，但由于固定电话使用的越来越少，这部分业务已经不会影响汇顶科技的整体营收了。

未来几年内，汇顶科技仍有可能保持现有的毛利率水平，投资者可以保持对该企业的关注。

2. 汇顶科技财务数据

汇顶科技之前几年的财务与收益数据情况如表 4-4 所示。

表 4-4　汇顶科技财务数据

时间	2018	2017	2016	2015	2014
每股收益（元）	1.65	1.95	2.1	0.94	2.32
净利润增长率	−16.29%	3.52%	126.46%	−1.36%	49.46%
营业总收入（亿元）	37.21	36.82	30.79	11.20	8.54
每股净资产（元）	8.99	7.67	6.15	2.93	5.41
净资产收益率	19.72%	28.79%	47.13%	35.52%	51.23%

从汇顶科技的财务数据情况来看，可以获得以下几个事实。

第一，从汇顶科技历年净利润增长数据可以看出，该企业的业绩波动幅度较大，这与企业产品的出货情况密切相关。进入 2019 年后，随着指纹识别功能在新出厂智能手机上的应用，汇顶科技的营收将会进入一个爆发式增长时期。

第二，从汇顶科技的营收来看，近年来，该公司的营收规模持续放大，即使净利水平下滑的 2018 年，该公司的营收也处于上升态势，投资者有理由期待 2019 年的营收数据。

第三，从该股的净资产收益率水平来看，该股的净资产收益率一直维持在 20% 左右，前几年甚至一度超过 50%，这是一个相当不错的水平。当然，这也与企业上市时间较短有关。

3. 汇顶科技整体分析

从汇顶科技的财务报表中可以看到，截至 2018 年年底，该公司的现金余额为 5.83 亿元。对于一家接近 40 亿元营收的企业而言，这个现金余量并不高。截至2018年年底，该公司的应收账款达到了8.3亿元，而预收账款不足7万元，说明该公司对下游企业的控制能力不足，存在一定的财务风险。该公司的商誉仅为4 000万元左右，是一个非常安全的水平。不过，查看该公司2018年的研发费用可知，该公司的年度研发费用达到了8.38亿元，已经快接近营收总额的1/4了，属于研发投入非常大的企业。这从另一方面也说明企业为了保持未来的竞争力是不惜投入的。

目前，在全球手机市场中，附带指纹识别功能的全面屏技术已经成为主趋势。在这些安卓系统的手机中，除了三星，其他厂商的指纹识别芯片几乎都来自汇顶科技，汇顶科技是名副其实的指纹识别模块市场中占有率第一的企业。与此同时，汇顶科技高额的研发投入也保证了其他竞争者在技术水平方面短期内难以赶上。也就是说，未来几年内，随着全面屏技术的普及，汇顶科技的营收和净利润水平还将大幅走高。

4. 汇顶科技估值分析

若以2018年年底每股收益1.65元为基准，并以200%的净利润增长率计算（实质上可能会达到600%~800%，甚至更高），2019年的每股收益为4.95元，2020年仍可能增长30%，则每股收益为6.44元。若以科技行业50倍左右的市盈率计算，该股2019年的合理估值应该在247.5元左右。若该股的净利润增速能达到200%，则该股50倍市盈率所对应的PEG值仅为0.25，属于极度低估。按照2019年的净利润测算，即使市盈率达到100倍，也是可以接受的，那么股价可能会超过400元。汇顶科技的股价走势情况如图4-5所示。

汇顶科技的股价在2019年年初随大盘的反弹出现了一波上攻走势。大盘出现调整时，汇顶科技的股价开始横向调整。很多长线牛股都曾出现过这类走势，即大盘上涨它跟涨，大盘下跌它横盘。2019年9月下旬，汇顶科技的股价出现了爆发式上攻，并站在了231.8元的位置。通过之前对汇顶科技股价的估值分析可知，该股的合理价格区间应该在247.5~400元之间，此时股价位于估值区域的底部，未来仍有上升空间。

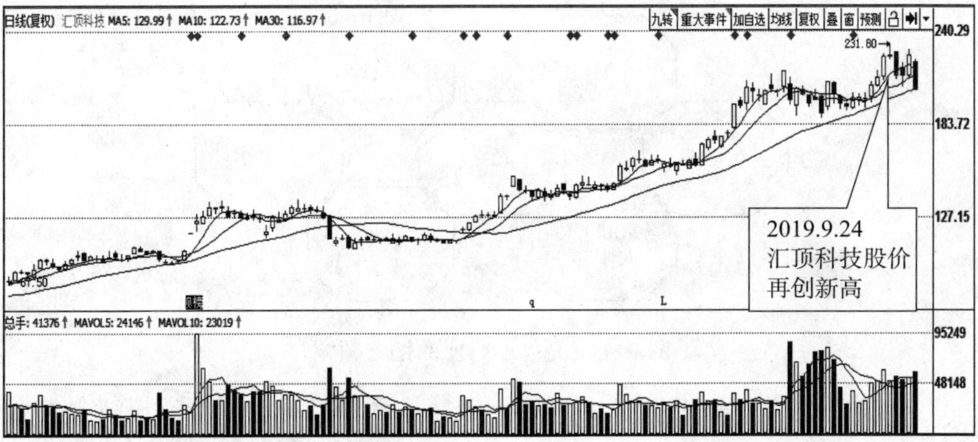

图 4-5　汇顶科技（603160）日 K 线走势图

当然，对该股的估值是建立在营收与净利润高速增长的基础之上的，若营收和净利润出现下滑，则估值逻辑将不复存在。若 2020 年该股增速回落，则估值的倍数自然也要调整。

第二节　光电子行业投资逻辑

随着大数据、人工智能、智能手机以及现代通信技术的发展，光电子应用领域越来越多。光电子行业也将孕育越来越多的超级白马股。

一、光电子行业竞争分析

近年来一系列政策推动了光电子行业的发展。预计到 2024 年，光电子行业的总规模将会超过 1 万亿美元。

1. 光电子行业的分类

光电子行业涉及的分支领域众多，且与其他行业有很多交集。按照通常的分类方法，可将光电子行业大致分为以下几类，如图 4-6 所示。

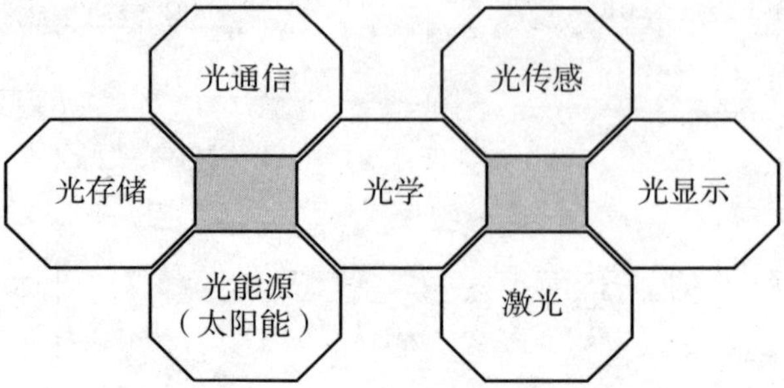

图 4-6　光电子行业的细分领域

（1）光通信。随着科技的发展，光通信已经广泛应用于通信技术（如光纤）、大数据计算等领域。从整体来看，我国光通信技术仍落后于欧美国家，仅在光传输领域，以华为、中兴为代表的企业开始占领了较大的国际市场份额，但个别核心部件仍对外依赖较大。详细内容会在后面的信息技术章节进行介绍。

（2）光传感。这是一个能够应用于人工智能、智能驾驶、无人机等领域的技术。未来，其应用空间更为广阔。不过，我国的光传感器市场规模仍比较小，技术水平相对较低。

（3）光存储。随着大数据时代的来临，光存储领域也迎来了一个较大的发展契机。光存储最典型的应用就是光盘存储，该领域的紫晶存储是一家值得关注的企业。

（4）光能源，即太阳能。该分支领域同时从属于新能源领域。

（5）光学。这是非常重要的一个分支。光学的上游产业包括各类感光材料、晶体、镀膜材料以及加工设备等；中游产业包括各类光学镜头、镜片、传感器以及元器件等；下游产业包括各类光学仪器、设备等。

（6）光显示。随着智能手机以及全面屏的推广，光显示行业也迎来了一个发展的黄金期。光显示的上游产业包括液晶材料、导光板、背光组件以及相关辅助材料等；光显示的中游产业包括液晶面板、投影系统、液晶模块等；光显示的下游产业包括平板电视、触摸产品、车载系统等。比如 TCL 旗下华星光电、京东方、欧菲光等。在光显示领域，柔性屏越来越受到重视。目前在柔性屏布局的几家企业有京东方、深天马以及维信诺等。

（7）激光。激光领域也是未来重点发展的一个核心领域。激光领域的上游为激光晶体、激光灯等，福晶科技、高德红外以及光库科技都各有侧重；激光行业的中游为各类激光器的生产企业，具有代表性的企业包括锐科激光、创鑫激光等；激光行业的下游企业为各类激光切割与加工企业，如大族激光、金运激光等。

2. 光电子行业的竞争态势

光电子行业呈现的竞争态势具有如下几个特点。

第一，市场竞争加剧，行业集中度提升。随着光电子行业竞争的日趋激烈，世界前五大光电子厂商的市场占有率达到了42%，留给其他企业的空间已经不多了。

第二，细分领域不同，竞争态势有所不同。高端光电子领域有着极高的技术壁垒，因而，研发能力强的企业竞争相对较弱，获利更为容易；反之，一些技术要求不高的领域，因参与竞争者众多，使得竞争极为激烈，企业获利难度很高。

第三，国内光电子龙头企业经过数年的发展，已经具有了一定的规模和技术优势，市场占有率不断上升，但与国际巨头的差距仍十分明显。特别是关键核心部件，自主程度仍比较低。

二、光电子企业投资逻辑

光电子行业面临的形势与芯片（集成电路）相似，大量核心技术被国际巨头掌控，更多的企业在中低端市场进行着残酷的竞争。投资者在选择这类行业中的投资标的时，需要考虑以下几个问题。

第一，寻找能够突破技术封锁的企业。

核心技术被国际巨头掌控，但若有国内的企业能够在技术方面取得突破，则收益必将大幅提升。当然，这不是一朝一夕能够完成的，投资者需要保持对该领域的持续关注，努力挖掘和寻找这类具有技术优势的企业。

第二，寻找站在行业风口的企业。

技术型企业与消费品生产企业不同，这些企业的产品并不是随时都会受到欢迎，只在某类技术成熟并推向市场后，才会迎来业绩的爆发期，特别是应用某一技术的产品特别受市场欢迎时，持有该技术产品的企业才会出现业绩暴涨。例如，随着智能手机的爆发式增长，一些生产液晶屏企业的业绩就出现了较大规模的上涨。

第三，寻找行业内的龙头企业。

龙头企业总是更加容易取得超过行业平均水平的毛利率和净利润水平。同时，龙头企业也可能在研发方面取得突破性成果。因此，这类企业也应该成为投资者重点关注的对象。

第四，研发投入驱动业绩增长。

没有永远不过时的技术，没有一家企业能够靠某项技术活着。只有不断地在研发方面投入，才可能换来源源不断的新技术、新产品。投资者在分析这类企业的营收时，还要重点关注这些企业的研发投入。

三、柔性屏生产企业——维信诺

柔性屏是折叠手机的核心部件，目前，能够提供这种柔性屏的企业除了三星外，主要就是国内的京东方、深天马和维信诺。维信诺科技股份有限公司主营业务为OLED新型显示产品的研发、生产、销售和技术服务。之前，小米展示的双折叠OLED工程样机和2019年MWC展会期间努比亚发布的努比亚 α，以及中兴发布的5G手机，搭载的都是维信诺的AMOLED屏幕。

1. 基本产品线与盈利构成

维信诺作为柔性屏领域内的代表企业，其收入主要来自各种OLED新型显示产品的研发和生产。维信诺的产品销售与利润占比情况如表4-5所示。

表 4-5　维信诺的产品及收入构成（2018 年度）

业务名称		营业收入（元）	收入比例	营业成本（元）	成本比例	利润比例	毛利率
按行业	OLED 显示	16.02 亿	90.12%	16.91 亿	92.85%	206.89%	–5.51%
	其他	1.76 亿	9.88%	1.30 亿	7.15%	–106.89%	25.96%
按产品	OLED 产品	15.60 亿	87.72%	16.55 亿	90.92%	223.99%	–6.13%
	其他	1.76 亿	9.88%	1.30 亿	7.15%	–106.89%	25.96%
	IT 服务	4 256.16 万	2.39%	3 526.09 万	1.94%	–17.11%	17.15%
按地区	国外	12.36 亿	69.53%	14.14 亿	77.63%	415.32%	–14.34%
	国内	5.42 亿	30.47%	4.07 亿	22.37%	–315.32%	24.84%

从表 4-5 中可以看出，维信诺的整个收入以 OLED 产品为主，占到整个收入的 87.72%。不过，该项收入的毛利率水平极低，甚至已经到了亏损的地步，这说明该行业的竞争十分激烈。反观其他业务，毛利率水平有 25% 左右。当然，在 OLED 行业，并不是维信诺一家企业如此，很多企业的业绩都出现了下滑甚至亏损。

从产品分类可以看出，维信诺仍以 OLED 显示产品为主。2019 年 9 月，全柔 AMOLED 模组生产线正式启用，成为广州首条全柔 AMOLED 模组生产线。该生产线产品可用于盖曲面（手机）、折叠、穿戴和车载等领域。该条生产线也在一定程度上巩固了企业在柔性屏领域的地位，提升了竞争水平和净利水平。

2. 维信诺财务数据

维信诺前几年的财务与收益数据情况如表 4-6 所示。

表 4-6　维信诺财务数据

时间	2018	2017	2016	2015	2014
每股收益（元）	0.03	0.03	0.06	–1.37	0.04
净利润增长率	125.95%	–41.45%	104.08%	–5320%	–15.66%
营业总收入（亿元）	17.78	0.32	1.59	4.31	5.83
每股净资产（元）	10.9	1.64	1.6	1.55	4.38
净资产收益率（元）	0.26%	2.01%	3.54%	–61.14%	0.9%

从维信诺的财务数据情况来看，可以获得以下几个事实。

第一，从维信诺历年的净利润增长数据可以看出，该企业的业绩波动幅度较大，这与企业所属行业不景气有关。通过对比 2018 年的净利润可以发现，在产品营收构成中，该公司的主要业务 OLED 产品的毛利率为负数，而净利润却是正的。这与 2018 年该公司获得了政府补贴有关。OLED 行业的企业基本都收到了政府补贴，而且未来一段时间内，这种补贴预计还将继续存在。

第二，从维信诺的营收来看，2018 年年度，该企业的营收放大十分明显，这与该公司 OLED 显示屏出货增加有关。未来，随着新一代柔性屏陆续投产上市，企业的营收与净利润有望走高。2018 年度营收的放量与将国显光电纳入报表有关。其实，该公司的主要营收都由国显光电贡献。

第三，从该股的净资产收益率水平来看，该股的净资产收益率一直都比较低，这与企业的净利润水平较低有关。

3. 维信诺整体分析

从维信诺的财务报表可以看到，截至 2018 年年底，该公司的现金余额为 85 亿元。对于一家营收只有 17 亿元的企业而言，这种现金余量非常高，当然，这与该公司刚刚完成融资有关。截至 2018 年年底，该公司的应收账款达到 1.3 亿元，而预收账款不足 2 000 万元，说明该公司对下游企业的控制能力不足，存在一定的财务风险。该公司的商誉接近 8 亿元，主要是合并下属公司国显光电所致。不过，查看该公司 2018 年的研发费用可知，该公司的年度研发费用达到了 5.21 亿元，已经快接近营收总额的 1/3 了，属于研发投入非常大的企业。这从另一方面也说明企业为了保持未来的竞争力是不惜投入的。

目前，在全球手机市场中，柔性屏成为手机显示屏的主趋势，除了三星外，国内大部分手机厂商的柔性屏都来自维信诺。维信诺的主要竞争对手是京东方。未来几年内，随着全面屏技术的普及，维信诺的营收和净利水平有望大幅走高。

4. 维信诺估值分析

对维信诺估值是非常困难的。若以 2018 年年底的每股收益 0.03 元为基准，并以 50% 的净利润增长率计算，2019 年的每股收益为 0.045 元，2020 年仍可能会增长 100%，则每股收益为 0.09 元（若出现产量放大，增速可能会远远超过 100%）。由于该股在 2018 年盈利过低，且对未来该股放量有一个非常强烈的预期。因此，我们不能按照 50 倍的市盈率折算该股的估值。由于预计 2019 年的收益仅为 0.045 元，那么，可以考虑以 200 倍的估值去测算股票的价格，即 9 元。若未来该公司柔性屏放量，则净利润增速也有可能超过 500%，股价就可以预估为 27 元。也就是说，由于该股目前净利较低，估值弹性较大，准确性相对较低，我们的估值只能为投资提供一定的参考。维信诺的股价走势情况如图 4-7 所示。

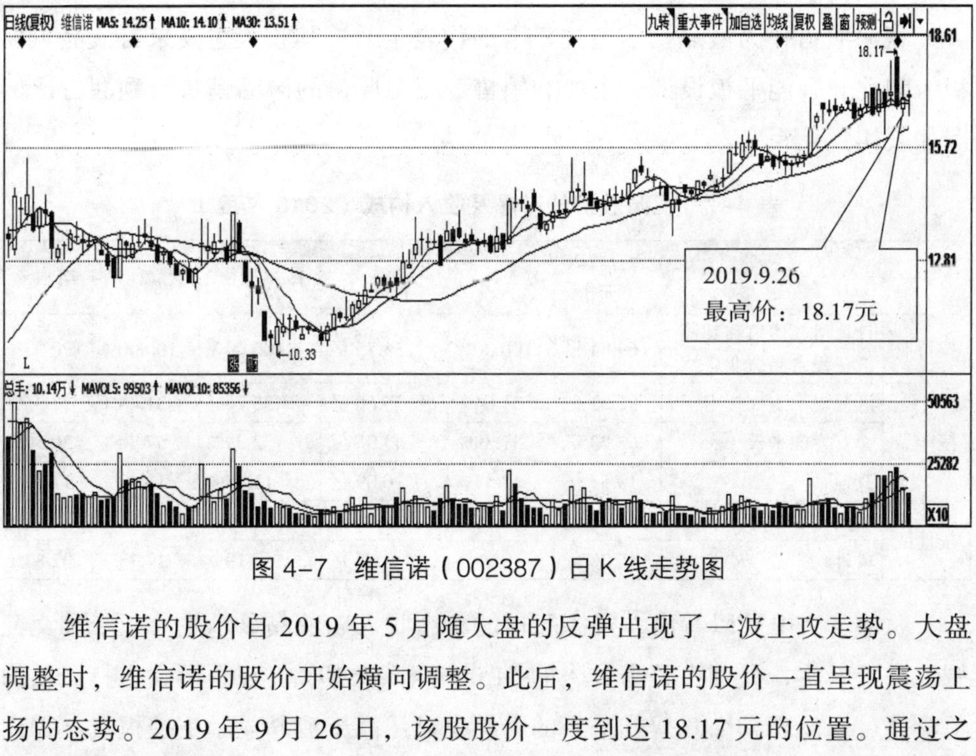

图 4-7 维信诺（002387）日 K 线走势图

维信诺的股价自 2019 年 5 月随大盘的反弹出现了一波上攻走势。大盘调整时，维信诺的股价开始横向调整。此后，维信诺的股价一直呈现震荡上扬的态势。2019 年 9 月 26 日，该股股价一度到达 18.17 元的位置。通过之前对维信诺股价的估值分析可知，该股的合理价格区间应该在 9~27 元之间，此时股价位于估值区域的顶部。在该股未兑现盈利能力之前，投资者最好是在股价出现回调时再入场。

对维信诺的预测是建立在该企业营收和净利大幅放量基础之上的。未来，随着产量的稳定，营收和净利水平也会趋于稳定，此时，投资者就需要调整估值的倍数了。

四、液晶部件生产企业——视源股份

广州视源电子科技股份有限公司的主营业务是液晶显示主控板卡和交互智能平板的设计、研发与销售。其中，液晶显示主控板块的市场占有率位居行业首位。同时，尽管该公司属于生产型企业，但研发人员占比、员工工资以及员工学历层次都非常高。

1. 基本产品线与盈利构成

视源股份作为液晶显示主控板卡的代表企业，其收入主要来自液晶主控板卡和交互智能平板设计、生产和销售。视源股份的产品销售与利润占比情况如表 4-7 所示。

表 4-7　视源股份的产品及收入构成（2018 年度）

业务名称		营业收入（元）	收入比例	营业成本（元）	成本比例	利润比例	毛利率
按行业	计算机、通信和其他电子设备制造业	169.84 亿	100.00%	135.75 亿	100.00%	100.00%	20.07%
按产品	液晶显示主控板卡	86.31 亿	51.04%	75.66 亿	55.76%	31.88%	12.35%
	交互智能平板	63.23 亿	37.39%	43.95 亿	32.39%	57.70%	30.50%
	其他	19.57 亿	11.57%	16.09 亿	11.86%	10.42%	17.80%
按地区	境内	153.42 亿	90.72%	125.94 亿	92.81%	82.22%	17.91%
	境外	15.70 亿	9.28%	9.75 亿	7.19%	17.78%	37.87%

从表 4-7 中可以看出，视源股份的整个收入以液晶显示主控板卡和交互智能平板为主，分别占整个收入的 51.04% 和 37.39%。观察两大主打产品的毛利率可以发现，交互智能平板的毛利率显然高于液晶显示主控板卡。2018 年，视源股份液晶主控板卡的出货量已经占到了全球主控板卡市场的 35% 以

上，且甩开排名第二很大的距离，成为全球液晶主控板卡的龙头企业。未来，随着技术的不断升级，毛利率有望获得一定提升。

在视源股份的产品收入构成中，交互智能平板产品是非常重要的一块。在这一领域，视源股份主要的侧重点在教育信息化方面。其产品主要用于教育屏幕、智能平板以及相关应用和服务，该类产品在国内也拥有 35% 左右的市场份额。会议平台智能交互平板也是一个子分类，该公司产品占该分类总市场份额的 25% 左右。

总之，该公司涉及的领域具有很好的发展空间，且该公司的市场占有率很高，足以保证企业未来的盈利水平。

2. 视源股份财务数据

视源股份前几年的财务与收益数据情况如表 4-8 所示。

表 4–8　视源股份财务数据

时间	2018	2017	2016	2015	2014
每股收益（元）	1.55	1.72	2.04	0.98	0.62
净利润增长率	45.32%	–6.86%	109.32%	56.92%	37.83%
营业总收入（亿元）	169.84	108.68	82.38	59.96	43.09
每股净资产（元）	5.19	6.17	3.43	2.23	7.9
净资产收益率	34.1%	31.46%	74.94%	54.65%	52.11%

从视源股份的财务数据情况来看，可以获得如下几个事实。

第一，从视源股份历年的净利润增长数据可以看出，该企业的业绩波动幅度较大，这与企业所属的行业有关。从企业历年的平均净利润增长率来看，维持在 40% 以上的净利润增长率并不是很困难的事，说明该企业发展势头很好。

第二，从视源股份的营收来看，该企业的营收增速始终保持较快的速度，且在 2018 年出现了业绩拐点，即企业业绩出现了加速上升势头。

第三，从该股的净资产收益率水平来看，该股的净资产收益率一直都比较高，最近两年都维持在 30% 以上，说明该企业是一个较佳的投资标的。

3. 视源股份整体分析

从视源股份的财务报表可以看到，截至2018年年底，该公司的现金余额为32亿元。对于一家营收只有170亿元的企业而言，这种现金余量非常不错。截至2018年年底，该公司的应收账款达到了1.04亿元，而预收账款为6.83亿元，说明该公司对下游企业的控制能力较强，这在电子科技行业十分难得。该公司的商誉很少，不会产生不良影响。查看该公司2018年的研发费用可知，该公司的年度研发费用达到了7.88亿元，属于研发投入较大的企业。这从另一方面说明，企业为保持未来的竞争力还是肯投入的。

前面已经提到过，该公司产品的市场占有率很高，市场竞争力较强。从该公司的股权结构，更可以看出公司管理层对企业未来发展的信心。截至2019年，该公司10大股东中，有8个是公司的高管人员，另外2个是员工持股计划的基金。也就是说，企业员工已经将个人与公司的发展捆绑在一起了，由此可见该公司管理层发展企业的决心。

当然，该公司面临的宏观经济态势与其他电子企业相似，都是充分竞争的，且经济有恶化的可能，这对企业营收的增长构成了一定的挑战。

4. 视源股份估值分析

以2018年年底每股收益1.55元为基准，并以40%的净利润增长率计算，2019年的每股收益为2.17元，2020年仍可能会增长30%，则每股收益为2.82元。若以科技行业50倍左右的市盈率计算，该股2019年的合理估值应该在108.5元左右。若该股的净利润增速能够达到40%，那么，该股50倍市盈率所对应的PEG值仅为1.25，是可以接受的水平。出于保守考虑，投资者可将PEG值大致设定在1的水平，即当每股净利润增长为40%时，最好将市盈率降至40倍，则2019年该股的股价预测值为2.17×40=86.8元。

视源股份的股价走势情况如图4-8所示。

视源股份的股价自2019年3月开始一直呈横向盘整态势。2019年8月底，该股股价突然大幅拉升。2019年9月10日，该股股价一度达到95.44元的位置。通过之前对视源股份股价的估值分析可知，该股的合理价格区间应该在 86.8～108.5 元之间，此时股价位于估值区域的底部，未来仍有上升空间。投资者可密切关注该股其后的走势，若出现回调可择机建仓。

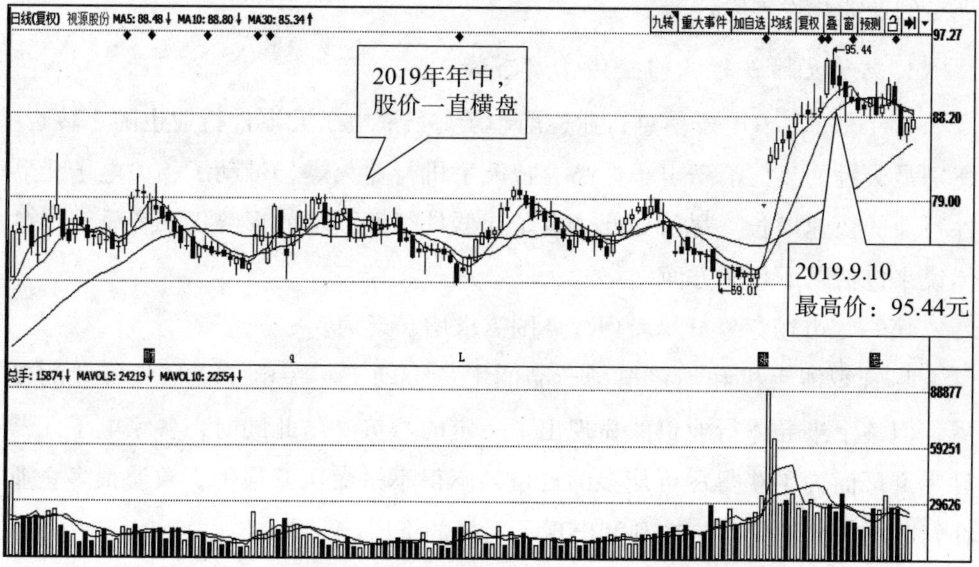

图 4-8 视源股份（002841）日 K 线走势图

第三节 电子元器件行业投资逻辑

电子元器件行业也是电子科技领域中一个重要的分支。通常所说的电子元器件是电子元件和小型电子机器、仪器的组成部分，其本身常由若干零件构成，可以在同类产品中通用；常指电器、无线电、仪表等工业的某些零件，如电容、晶体管、游丝、发条等子器件的总称，常见的有二极管等。从严格定义来讲，前面所讲述的芯片与集成电路也可以归至电子元器件类别中，但它们太重要了，所以被单独拿出来讲述。本节介绍的电子元器件，实质上是指除芯片与集成电路之外的电子元器件。

一、电子元器件行业竞争分析

随着科技的不断进步与发展，电子元器件行业也进入了崭新的时代。电子元器件由原来只为适应整机的小型化及其新工艺要求为主的改进，变为以满足数字技术、微电子技术发展所提出的特性要求为主的改进，而且是成套满足的产业化发展阶段。

1. 电子元器件行业的整体竞争态势

近年来，随着电子信息行业逐渐趋于好转，电子元器件行业也随之转暖。特别是最近两年，消费电子产品、智能手机行业火爆，带动了相关电子元器件行业的快速增长。尽管如此，电子元器件行业面临的形势仍不容乐观，具体说来包括以下几个方面。

第一，市场竞争日趋激烈，外围需求增长乏力。

尽管智能手机和消费电子产品的增长带动了相关电子元器件行业的发展，但整个半导体行业仍然显现出了一定的颓势。与此同时，各家电子元器件生产厂商为了获得尽可能多的订单，不得不拼命压低报价，致使很多企业在营收增长的情况下，净利润出现了明显的下滑。

第二，上游材料价格上升，压缩了电子元器件行业内企业的利润空间。

随着最近几年消费电子产品的增长，对电子材料的需求明显增加，致使全球电子材料价格上升，这在一定程度上压缩了电子元器件企业的利润空间。

第三，上游企业具有较强的话语权。

电子元器件企业供货单位往往是电子行业内的龙头企业，这些企业往往具有更强的话语权，同时货款的结算周期也很长，这也造成了电子元器件企业在财务上举步维艰。

第四，更新换代速度加快。

随着电子产品更新换代速度加快，电子元器件产品的更新换代也在提速。很多厂商若不能及时掌握行业发展的最新趋势，就有可能被淘汰。

2. 电子元器件行业企业分布

电子元器件行业企业除了前面介绍过的芯片与集成电路企业以及部分与光电子行业有交叉的企业外，至少还包括以下几个类别。

第一，分立器件类企业，包括生产谐振器、振荡器、晶闸管以及分立器件封测等产品的企业。比如东晶电子、晶源电子、台基股份、苏州固锝、东光微电、长电科技、科达股份、中环股份等。

第二，被动元件，包括电容器、电阻器、电感器等。在这一领域比较有代表性的企业包括法拉电子、江海股份、风华高科、铜峰电子、顺络电子等。其中，法拉电子、江海股份以及风华高科都值得投资者特别关注。

第三，PCB（印制电路板）是电子元件的支撑体，也是电子元件与电器的连接载体。该领域包括覆铜板生产企业和PCB生产企业，其中，覆铜板为PCB的基础材料。这一领域的代表企业包括生益科技、超声电子、沪电股份、方正科技、博敏电子、东山精密等。

第四，组件领域，包括连接器、智能控制器、传感器等。其中，比较有代表性的企业包括长盈精密、胜利精密、立讯精密、和而泰、拓邦股份、汉威科技等。

3. 电子元器件行业的发展趋势

未来一段时间内，电子元器件行业的发展呈现出如下几个典型趋势。

第一，整体弱势格局不变。尽管消费电子产品火爆，但由于智能手机出货量趋于稳定，致使整个电子元器件行业的市场规模扩大并不容易。与此同时，各大电子元器件厂商存货较多，再加上原料价格上升，造成了行业整体运行趋势走弱。

第二，未来，物联网、5G通信技术的不断普及，很有可能成为电子元器件行业新的增长动力。

第三，行业集中度将会加强。经历了残酷的竞争后，剩下的很有可能就是行业内的龙头企业。只有那些内部成本空间较佳的企业，才可能在最终的竞争中胜出。

二、电子元器件企业投资逻辑

从股市来看，2019年上半年，很多电子元器件企业都出现了规模较大的上涨走势，但很多企业股票价格的上攻并非因为业绩好转，而是因为主题炒作，带动短线资金对半导体及电子元器件掀起了一波炒作热潮。

电子元器件企业的投资需要遵循以下几个基本原则。

第一，寻找高技术含量的电子元器件企业。从整体来看，电子元器件行业存在库存高企、生产过剩的情况，但在一些高端精密元器件领域，仍与国际先进水平存在一定的差距，很多核心精密元器件仍需从国外进口。因此，投资者需要关注电子元器件领域有技术优势的企业。

第二，寻找细分领域内的龙头企业，至少应该在国内市场位于行业前 3 名。细分领域内的小霸主则更应该受到关注，只有这类企业才能在竞争中获得相对优势。比如，深南电路在国内市场的印制电路板领域占有率第一。

第三，关注从属的企业生态系统。若电子元器件企业能够成为华为、小米、苹果等企业的核心供应商，则未来业绩增长无忧。这也是市场短线资金热衷于炒作华为概念、小米概念和苹果概念的原因。作为长线价值投资者来说，具有某类企业概念并不重要，只有能够将其转化为实实在在的业绩才重要。

三、精密组件企业——立讯精密

立讯精密最初给人的感觉是一家生产 PC 连接器的企业，但随后在连接器领域不断深耕，逐渐由 PC 延伸到消费电子，同时领先布局通信、汽车领域连接线业务，并涵盖其他零组件。目前，立讯精密已经成为苹果的核心部件供应商。

1. 基本产品线与盈利构成

立讯精密作为定制化连接器的代表企业，其收入主要来自各类连接器产品以及消费电子、汽车电子互联产品及精密组件。立讯精密的产品销售与利润占比情况如表 4-9 所示。

从表 4-9 中可以看出，立讯精密的整个收入以消费电子产品为主，占整个收入的 74.77%，这与该公司属于苹果电脑的核心供应商有关。与此同时，该公司发力的电脑互联产品、通信互联产品以及汽车互联产品及精密组件都取得了不错的业绩。观察该股的毛利率可以发现，在整体毛利率水平低下的电子元器件领域，立讯精密仍能保持 20% 以上的毛利率，实属难能可贵。

表 4-9 立讯精密的产品及收入构成（2018 年度）

业务名称		营业收入（元）	收入比例	营业成本（元）	成本比例	利润比例	毛利率
按行业	消费性电子	268.07 亿	74.77%	211.27 亿	74.64%	75.27%	21.19%
	电脑互联产品及精密组件	37.33 亿	10.41%	29.29 亿	10.35%	10.66%	21.54%
	通信互联产品及精密组件	21.52 亿	6.00%	17.04 亿	6.02%	5.94%	20.82%
	汽车互联产品及精密组件	17.28 亿	4.82%	14.39 亿	5.08%	3.83%	16.72%
	真他连接器及其他业务	14.31 亿	3.99%	11.06 亿	3.91%	4.30%	22.70%
按产品	消费性电子	268.07 亿	74.77%	211.27 亿	74.64%	75.27%	21.19%
	电脑互联产品及精密组件	37.33 亿	10.41%	29.29 亿	10.35%	10.66%	21.54%
	通信互联产品及精密组件	21.52 亿	6.00%	17.04 亿	6.02%	5.94%	20.82%
	汽车互联产品及精密组件	17.28 亿	4.82%	14.39 亿	5.08%	3.83%	16.72%
	其他连接器及其他业务	14.31 亿	3.99%	11.06 亿	3.91%	4.30%	22.70%
按地区	国外	320.11 亿	89.29%	253.46 亿	89.55%	88.32%	20.82%
	国内	38.39 亿	10.71%	29.58 亿	10.45%	11.68%	22.95%

观察该公司的地区销售额占比可以发现，外销占比高达 89.29%，说明该公司产品对国外市场依赖较大。当然，其中苹果公司占有重要的地位。也就是说，该公司相当大的一部分产品都销售给了苹果公司。这在保持企业业绩的同时，也存在一定的隐患，一旦与苹果公司的合作终止，难免会危及企业的营收。

2. 立讯精密财务数据分析

立讯精密前几年的财务与收益数据情况如表 4-10 所示。

表 4-10 立讯精密财务数据

时间	2018	2017	2016	2015	2014
每股收益（元）	0.66	0.53	0.6	0.86	0.8
净利润增长率	61.05%	46.18%	7.23%	71.18%	85.43%
营业总收入（亿元）	358.5	228.26	137.63	101.39	72.96
每股净资产（元）	3.77	4.08	5.31	4.4	5.52
净资产收益率	17.95%	14.09%	16.09%	21.02%	20.3%

注：2015 年、2016 年、2017 年、2018 年该股都有分红、配股情况。

从立讯精密的财务数据情况来看，可以获得以下几个事实。

第一，从立讯精密历年的净利润增长数据可以看出，除 2016 年外，其他年份该股的净利润增速都比较高。即使将各年度的净利润增速平均化，也超过了 50%，说明该公司发展经营情况非常好。

第二，从立讯精密的营收来看，该企业的营收增速始终保持较快的速度，且在 2018 年出现了业绩拐点，即企业业绩出现了加速上升势头。

第三，从该股的净资产收益率水平来看，该股的净资产收益率一直都比较高，最近两年维持在 15% 以上，说明该企业是一个较佳的投资标的。

3. 立讯精密整体分析

从立讯精密的财务报表可以看到，截至 2018 年年底，该公司的现金余额约为 38 亿元。对于一家营收有 358 亿元的企业而言，这种现金余量非常不错。截至 2018 年年底，该公司的应收账款达到了 111 亿元，而预收账款只有 3 000 多万元，说明该公司对下游企业的控制能力很弱，存在一定的财务风险。该公司的商誉有 5 亿元，处于相对可控范围内。同时，截至 2018 年，该公司的存货为 47.35 亿元，也属于较高的水平。查看该公司 2018 年的研发费用可知，该公司的年度研发费用达到了 25.15 亿元，属于研发投入较大的企业。从另一方面说明企业为了保持未来的竞争力还是肯投入的。

通过查询该公司的主要客户可知，该公司的前五大客户占企业营收的 68.43%，其中第一大客户占总营收的 44.85%。也就是说，该公司对大客户依赖相当严重。当客户稳定时，该公司的业绩不会有任何问题。同时，该公司的应收账款很高，也与其对大客户的依赖有关。该公司的大客户主要为苹果等公司，财务方面相对比较安全。

4. 立讯精密估值分析

以 2018 年年底每股收益 0.66 元为基准，并以 40% 的净利润增长率计算，2019 年的每股收益为 0.924 元，2020 年仍可能增长 40%，则每股收益为 1.3 元。若以科技行业 50 倍左右的市盈率计算，该股 2019 年的合理估值应该在 46.2 元左右。若该股的净利润增速能够达到 40%，那么，该股 50 倍市盈率对应的 PEG 值仅为 1.25，属可接受的水平。出于保守考虑，投资者可将 PEG 值大致设定在 1 的水平，即当每股净利润增长为 40% 时，最好将市盈率降至 40 倍，则 2019 年该股的股价预测值为 0.924×40=36.96 元。

立讯精密的日 K 线走势情况如图 4-9 所示。

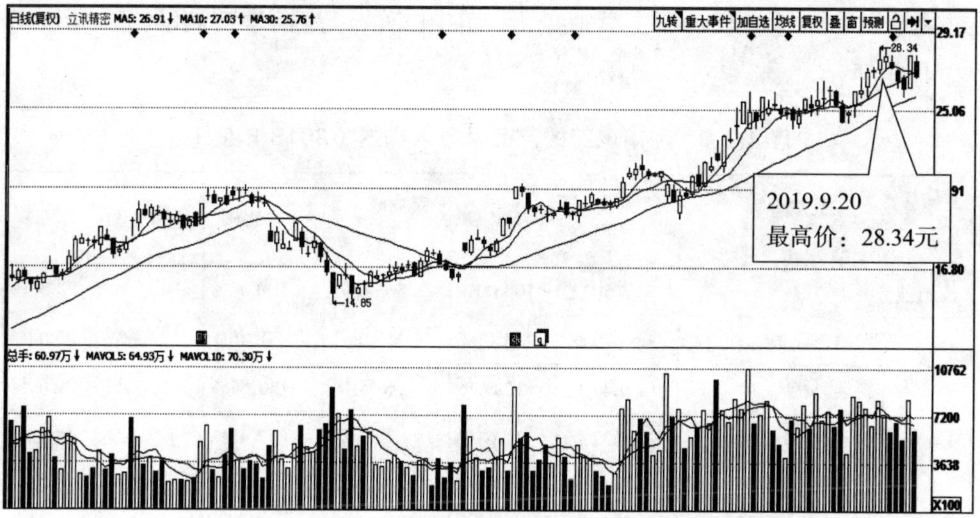

图 4–9　立讯精密（002475）日 K 线走势图

立讯精密的股价自 2019 年上半年随大盘的反弹出现了一波上攻走势。2019 年 9 月 20 日，该股股价一度达到 28.34 元的位置。通过之前对立讯精密股价的估值分析可知，该股的合理价格区间应该在 36.96～46.2 元之间。不过，立讯精密在 2019 年年初曾经进行过 10 转 3 股的配股，与之相对应，该股的估值也应该调整为 28.8～36 元之间。也就是说，截至 2019 年 9 月底，立讯精密的股价仍低于估值区间的下限，投资者可择机买入。

四、印制电路板企业——深南电路

深南电路是国内印制电路领域的龙头股票。目前，华为是该公司的第一大客户。深南电路股份有限公司的主营业务是印制电路板的研发、生产及销售。公司主要产品有背板、高速多层板、多功能金属基板、厚铜板、高频微波板、刚挠结合板、存储芯片封装基板（eMMC）、微机电系统封装基板（MEMS）、射频模块封装基板（RF）、WB-CSP、FC-CSP、高速通信封装基板、PCBA板级、功能性模块、整机产品 / 系统总装。

1. 基本产品线与盈利构成

深南电路作为印制电路板领域的龙头企业，其收入主要来自印制电路板、封装基板、电子装联 3 项主营业务。深南电路的产品销售与利润占比情况如表 4-11 所示。

表 4-11　深南电路的产品及收入构成（2018 年度）

业务名称		营业收入（元）	收入比例	营业成本（元）	成本比例	利润比例	毛利率
按行业	电子电路	73.50 亿	100.00%	56.36 亿	100.00%	100.00%	23.33%
按产品	印制电路板	53.79 亿	73.19%	41.40 亿	73.46%	72.28%	23.04%
	封装基板	9.47 亿	12.88%	6.66 亿	11.81%	16.39%	29.69%
	电子装联	9.27 亿	12.61%	7.57 亿	13.43%	9.90%	18.32%
	其他产品	9 728.98 万	1.32%	7 291.70 万	1.29%	1.42%	25.05%
按地区	境内	46.22 亿	62.89%	35.55 亿	63.08%	62.27%	23.10%
	境外	27.28 亿	37.11%	20.81 亿	36.92%	37.73%	23.72%

从表 4-11 中可以看出，深南电路的收入以印制电路板为主，占整体收入的 73.19%。与此同时，封装基板、电子装联均占总收入的 12% 以上。观察该公司的毛利率水平可知，封装基板的毛利率水平最高，达到了 29.69%，占整个公司营收最大的印制电路板的毛利率为 23%。相对于电子元器件领域，该公司的毛利率水平还是具有一定优势的。

观察该公司的地区销售额占比可以发现，外销占比为 37.11%，一方面说明该公司深度参与了国际协作；另一方面也说明该公司的业绩可能会受到国际贸易摩擦和汇率波动的影响。

2. 深南电路财务数据分析

深南电路前几年的财务与收益数据情况如表 4-12 所示。

表 4-12　深南电路财务数据

时间	2018	2017	2016	2015	2014
每股收益（元）	2.49	2.13	1.31	0.77	0.91
净利润增长率	55.61%	63.44%	69.56%	-15.22%	13.26%
营业总收入（亿元）	76.02	56.87	45.99	35.19	36.38
每股净资产（元）	13.29	11.31	7.52	6.45	6.19
净资产收益率	20.38%	25.61%	18.48%	12.15%	15.74%

注：2017 年、2018 年该股都有分红、配股情况。

从深南电路的财务数据情况来看，可以获得如下几个事实。

第一，从深南电路历年的净利润增长数据可以看出，最近 3 年，该公司的营收净利润开始进入快速上升期，这与通信行业快速发展密切相关。

第二，从深南电路的营收来看，该企业的营收增速始终保持较快的速度，且在 2018 年出现了业绩拐点，即企业业绩出现了加速上升势头。

第三，从该股的净资产收益率水平来看，该股的净资产收益率一直都比较高，最近两年都维持在 20% 以上，说明该企业是一个较佳的投资标的。

3. 深南电路的整体分析

从深南电路的财务报表可以看到，截至 2018 年年底，该公司的现金余额约为 6.5 亿元。对于一家营收 76 亿元的企业而言，这种现金余量并不多。截至 2018 年年底，该公司的应收账款达到了 15.77 亿元，而预收账款只有 6 000 多万元，说明该公司对下游企业的控制能力很弱，存在一定的财务风险。截至 2018 年，该公司的存货为 13.27 亿元，也属于较高的水平。查看该公司 2018 年的研发费用可知，该公司的年度研发费用为 3.47 亿元，研发投入水平一般。

总体来说，该公司的资产质量一般，并不算特别优秀。不过，在市场上该公司被很多投资机构所推崇，主要源于以下 3 点。

第一，该公司的最终控股股东为国资委。

第二，该公司的客户资源较佳，与国内领先的通信供应商具有良好的合作关系，保证了企业未来的营收稳定。

第三，已经抢占了“5G+ 封装基板”优质赛道，随着 5G 时代的来临，公司业绩必然随之爆发。

4. 深南电路估值分析

以 2018 年年底每股收益 2.49 元为基准，并以 50% 的净利润增长率计算，2019 年的每股收益为 3.74 元，2020 年仍可能增长 40%，则每股收益为 5.23 元。若以科技行业 50 倍左右的市盈率计算，该股 2019 年的合理估值应该在 187 元左右。若该股的净利润增速能够达到 50%，那么，该股 50 倍市盈率所对应的 PEG 值仅为 1，这是一个比较合理的水平。

深南电路的日 K 线走势情况如图 4-10 所示。

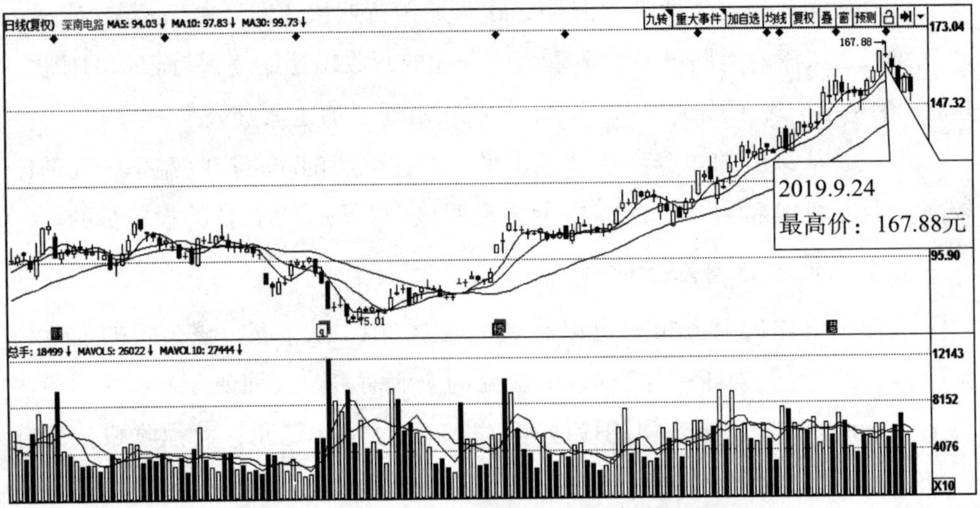

图 4-10　深南电路（002916）日 K 线走势图

深南电路的股价自 2019 年上半年随大盘的反弹出现了一波上攻走势。2019 年 9 月 24 日，该股股价一度达到 167.88 元的位置。通过之前对深南电路股价的估值分析可知，该股的合理价格区间应该在 187 元左右。不过，深南电路在 2019 年年初曾经进行过 10 转 2 股派 7.5 元的分红配股。与之相对应，该股的估值也应该调整为 153.5 元左右。也就是说，截至 2019 年 9 月底，深南电路的股价几乎与估算价格相同。

不过，这个估算价格是以预计2019年年底的收益为基础的，也就是说，当前股价还是存在一定的高估，投资者可考虑在股价回调时建仓。

五、薄膜电容器企业——法拉电子

厦门法拉电子股份有限公司是一家主营薄膜电容器、金属化膜及电子变压器生产及销售的公司。公司是国内薄膜电容器龙头企业，公司主要生产设备来源于德国、瑞士、意大利、日本。法拉电子持续50年专注于薄膜电容领域，拥有多项专利技术。

1. 基本产品线与盈利构成

法拉电子作为薄膜电容器领域的龙头企业，其收入主要来自薄膜电容器的生产和销售业务。法拉电子的产品销售与利润占比情况如表4-13所示。

表4-13　法拉电子的产品及收入构成（2018年度）

业务名称		营业收入（元）	收入比例	营业成本（元）	成本比例	利润比例	毛利率
按行业	电子元器件制造	16.89亿	100.00%	9.75亿	100.00%	100.00%	42.25%
按产品	销售商品	16.89亿	100.00%	9.75亿	100.00%	100.00%	42.25%
按地区	国内	10.96亿	64.93%	6.13亿	62.87%	67.74%	44.09%
	国外	5.92亿	35.07%	3.62亿	37.13%	32.26%	38.86%

从表4-13中可以看出，法拉电子的收入以电子元器件（薄膜电容器）为主，占整体收入的100%。观察该公司的毛利率水平可以发现，该公司整体毛利率水平达到了42.25%，国内电容器的毛利率更是达到了44.09%。相对于整个电子元器件领域，该公司的毛利率水平是相当高的。

观察该公司地区销售额占比可以发现，外销占比为35.07%，一方面说明该公司深度参与了国际协作，另一方面也说明该公司的业绩可能会受到国际贸易摩擦和汇率波动的影响。

2. 法拉电子财务数据分析

法拉电子前几年的财务与收益数据情况如表4-14所示。

表 4-14　法拉电子财务数据

时间	2018	2017	2016	2015	2014
每股收益（元）	2.01	1.88	1.73	1.46	1.36
净利润增长率	6.68%	8.73%	18.78%	7.11%	6.98%
营业总收入（亿元）	17.21	16.98	15.21	13.93	14.16
每股净资产（元）	10.91	10.11	9.32	8.59	7.84
净资产收益率	19.48%	19.56%	19.51%	17.87%	18.28%

从法拉电子的财务数据情况来看，可以获得如下几个事实。

第一，从法拉电子历年的净利润增长数据可以看出，该公司的净利润水平增长比较缓慢，但也没有出现较大波动。这一方面与电容器市场竞争比较激烈有关，另一方面也说明企业内部成本控制较佳。

第二，从法拉电子的营收来看，该企业的营收增速趋缓。最近几年的营收并未出现增长，这在电子元器件领域也是很少见的。一方面说明电容器市场总体规模并未扩大，这与整个半导体及元件行业的颓势有关，另一方面也说明该公司市场扩张力度不佳。

第三，从该股的净资产收益率水平来看，该股的净资产收益率一直都比较高，最近两年维持在 20% 以上，说明该企业是一个较佳的投资标的。

3. 法拉电子整体分析

从法拉电子的财务报表可以看到，截至 2018 年年底，该公司的现金余额约为 1.45 亿元。对于一家营收 17 亿元的企业而言，这种现金余量并不多。截至 2018 年年底，该公司的应收账款达到了 4.96 亿元，而预收账款只有 500 多万元，说明该公司对下游企业的控制能力很弱，存在一定的财务风险。截至 2018 年，该公司的存货为 2.58 亿元，也属于一般水平。查看该公司 2018 年的研发费用可知，该公司的年度研发费用为 7 000 万元左右，研发投入水平一般。

总体来说，该公司的资产质量一般，并不算特别优秀。不过，在市场上，该公司被很多投资机构所推崇，主要源于以下两点。

第一，该公司的电容器性能较佳，且用途较为广泛。

第二，电容器的应用对象之一新能源汽车行业，将会迎来一波快速发展时期，有利于电容器市场的扩张。

4. 法拉电子估值分析

以2018年年底每股收益2.01元为基准，并以5%的净利润增长率计算（根据2019年年中报显示，该公司上半年业绩增长率为–2.67%，年报5%的预期有可能完不成），2019年的每股收益为2.11元，2020年仍可能会增长5%，则每股收益为2.22元。鉴于该股的净利润增速很低，难以达到业内平均水平，因此，投资者不能用科技行业平均50倍的市盈率计算估值，而要减为15倍到20倍（该倍数是参照成熟消费品行业的估值确定的，毕竟这些年法拉电子的增速并不理想），则该股2019年的合理估值应该在31.65～42.2元之间。若该股的净利润增速为5%，那么，该股15倍市盈率所对应的PEG值为3，这是一个偏高的水平。

法拉电子的日K线走势情况如图4-11所示。

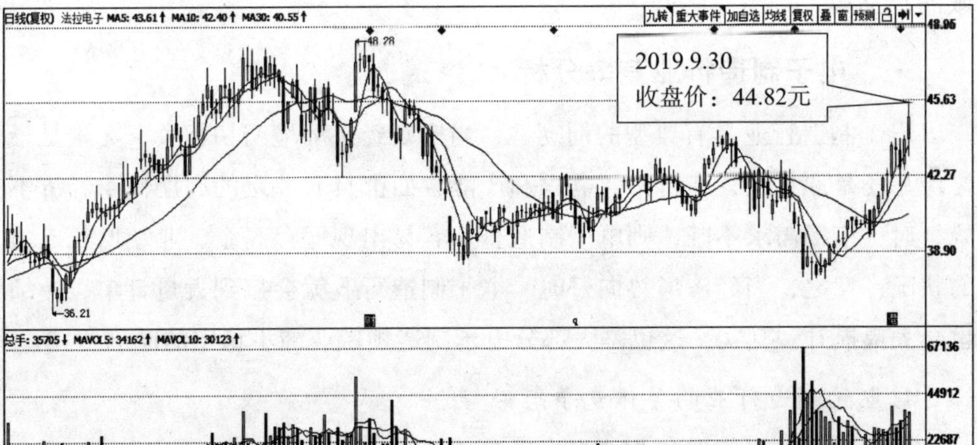

图4–11 法拉电子（600563）日K线走势图

法拉电子的股价自2019年上半年随大盘的震荡出现了剧烈波动，该股股价的波动区间在36～49元之间。2019年9月30日，该股股价收盘于44.82元。通过之前对法拉电子股价的估值分析可知，该股的合理价格区间应该在 31.65～42.2 元之间。也就是说，截至 2019 年 9 月底，法拉电子的股价略高于估算价格的上限，投资者宜于股价回调到估算价格区间内或更低的价格再入场建仓。

不过，这个估算价格是以 5% 的增速为基础预估拉法电子 2019 年股价走势的，若该股实际净利润增速超过 5%，则应适当调高估值，反之亦然。

第四节　电子制造行业投资逻辑

最典型的电子制造行业就是大家生活中见到的消费电子产品，如手机、电脑。不过，电子制造行业本身是十分庞大的，还包括很多我们看不到的，如前面提及的电子元器件。还有很多电子制造企业生产的产品介乎电子元器件和消费电子产品之间，如各类消费电子的附属产品、配套产品等。本节提及的电子制造行业不包括之前已经介绍的电子元器件和光电子等领域的产品。

一、电子制造行业竞争分析

电子制造行业具有典型的周期性，与宏观经济环境密切相关。无论是最终产品还是原材料，在价格、需求和产能方面都具有一定的周期性。经济不景气时，市场需求不旺，则电子制造企业容易出现库存高企、业绩增长乏力的状况；反之，当经济形势向好时，电子制造行业就会接到大量订单，业绩也会大幅提升。其实，这也是大部分电子制造领域业绩不稳定的原因所在。

1. 电子制造行业的整体竞争态势

近年来，电子制造行业表现出如下几个典型的竞争态势。

第一，整体趋于弱势，局部需求旺盛。

近年来，整个电子制造产业都没有走出衰退的阴影，一直处于不景气的周期之中。很多电子制造企业的生产线都没有满负荷运转。不过，在消费类电子产品的带动下，与之有关的细分领域出现了难得一见的逆势上行趋势。

特别是智能手机、音箱、5G通信等细分领域的快速发展，对相关领域拉动效果非常明显。

第二，国内企业人力成本优势削弱，毛利率降幅较大。

电子制造行业是一个高度参与国际化竞争的行业。前些年，该行业发展较为迅速，且国内企业业绩非常不错，这主要与国内人工成本较低有关。近些年来，人工成本上升较快，在一定程度上蚕食了企业的利润。同时，电子制造行业还是一个劳动力密集的行业，致使行业内企业的毛利率大部分在20%以下。

第三，对新技术的要求越来越高。

国内电子制造企业先前所形成的竞争优势大部分是建立在人工成本优势基础之上的，而未来的竞争优势更多地会来自技术。只有抢占了技术制高点的企业，才能获得超额利润。

2. 电子制造行业的未来趋势

随着人工成本和材料成本的上升，电子制造领域面临的竞争形势仍不容乐观。站在整个行业方面来看，短期内电子制造行业的弱势格局很可能还会持续，但仍不妨碍局部会出现需求旺盛的情况。

第一，传统PC（个人电脑）的出货量将会持续下滑，但平板电脑的需求会日益旺盛。越来越多的消费者抛弃了传统PC，开始使用平板电脑。

第二，消费类电子产品仍将成为电子行业发展最快的一个分支。随着科技的不断发展，会有越来越多的消费类电子产品问世。

第三，随着国家对芯片与集成电路产业的重视，会有更多的企业向相关领域投资，从而推动相关产业的发展。

第四，竞争形势恶化，只有技术领先的企业才能生存。未来的竞争，越来越多的是技术的竞争。在电子制造行业的核心技术领域，我国与国际水平还有一段距离，这是国内电子制造企业需要努力的方向。

二、电子制造企业投资逻辑

未来电子制造行业是一个充满机遇与竞争的行业。投资者选择投资标的时，需要重点考虑以下几个因素。

第一，选对细分领域和竞争对手。

前面提到过，电子制造行业是一个整体弱势、局部需要旺盛的行业。标的企业所处的细分领域不同，面对的外围形势和竞争态势也是截然不同的。很多新兴领域中，并未有垄断性竞争对手出现，在该领域内的企业就相对比较容易突出重围。反之，一些竞争格局已经固化的行业，该领域内的企业想要获得更好的发展空间就比较困难。当然，若能选择那些在细分领域占据垄断地位的企业则更是上佳之选。

第二，成长性，包括行业的成长性。

成长性，不仅仅指企业自身的成长性，还包括行业的成长性。电子行业本身就是一个不断更新换代的行业，从培育期到发展期，再到成熟期，乃至衰退期，都有可能是非常短暂的，企业只有把握行业发展的黄金期，才能获得更好的收益。与此同时，企业还需未雨绸缪，立足下一代产品的研发。从这一点上来看，投资者在观察财务报表时，研发费用是一个很重要的项目。

第三，优先选择轻资产的企业。

俗话说：船小好调头。轻资产的企业往往更容易在技术升级速度快的电子行业中生存。反之，资产投入过重的企业，则很难及时转换赛道。

第四，选择拥有优质客户资源的企业。

大多数电子制造企业并非是最终交付给消费者产品的企业，而是向客户提供某些配件或附属产品的企业。因此，这些企业的客户资源就是企业业绩的保障。

三、安防产品生产企业——海康威视

海康威视是一家全球领先的以安防视频监控为核心的物联网解决方案提供商，致力于不断提升视频处理技术和视频分析技术，面向全球提供领先的监控产品和技术解决方案。其产品包括硬盘录像机（DVR）、视音频编解码卡等数据存储及处理设备，以及监控摄像机、监控球机、视频服务器（DVS）等视音频信息采集处理设备。该公司的视频监控产品销售规模连续数年居于国内全行业第一位。

1. 基本产品线与盈利构成

海康威视作为监控视频领域的龙头企业，其收入主要来自安防视频的生产和销售业务。海康威视的产品销售与利润占比情况如表 4-15 所示。

表 4-15 海康威视的产品及收入构成（2018 年度）

业务名称		营业收入（元）	收入比例	营业成本（元）	成本比例	利润比例	毛利率
按行业	视频产品及视频服务	498.37 亿	100.00%	274.83 亿	100.00%	100.00%	44.85%
按产品	前端产品	240.83 亿	48.32%	120.54 亿	43.86%	53.81%	49.95%
	中心控制产品	73.23 亿	14.69%	33.81 亿	12.30%	17.64%	53.84%
	后端产品	67.79 亿	13.60%	36.03 亿	13.11%	14.21%	46.85%
	其他	66.69 亿	13.38%	48.51 亿	17.65%	8.13%	27.26%
	创新业务	26.97 亿	5.41%	15.87 亿	5.77%	4.97%	41.17%
	工程施工	22.85 亿	4.59%	20.08 亿	7.31%	1.24%	12.12%
按地区	境内	356.46 亿	71.53%	196.58 亿	71.53%	71.52%	44.85%
	境外	141.91 亿	28.47%	78.25 亿	28.47%	28.48%	44.86%

从表 4-15 中可以看出，海康威视的整个收入以视频产品及视频服务为主，占到整个收入的 100%。也就是说，该公司的所有产品都是围绕安防视频展开的，包括前端产品、中心控制产品、后端产品以及其他业务等。观察该公司的毛利率水平可以发现，该公司整体毛利率水平达到了 44.85%，境内和境外毛利率趋于一致，说明该公司产品具有较强的竞争力。

观察该公司的地区销售额占比可以发现，境外占比 28.47%，一方面说明该公司深度参与了国际协作，另一方面也说明该公司的业绩可能会受国际贸易摩擦和汇率波动的影响。

2. 海康威视财务数据分析

海康威视前几年的财务与收益数据情况如表 4-16 所示。

表 4-16 海康威视财务数据

时间	2018	2017	2016	2015	2014
每股收益（元）	1.24	1.03	1.23	1.46	1.17
净利润增长率	20.64%	26.77%	26.49%	25.8%	52.13%
营业总收入（亿元）	498.37	419.05	319.35	252.71	172.33
每股净资产（元）	4.07	3.29	3.98	4.73	3.65
净资产收益率	33.99%	34.96%	34.56%	35.28%	36.27%

从海康威视的财务数据情况来看，可以获得以下几个事实。

第一，从海康威视历年的净利润增长数据可以看出，该公司之前几年的净利润增速比较稳定，多年保持在 20% 以上。对于一家营收几百亿元的安防企业来说，这是十分难得的。不过从最近两年的营收与净利润情况看，企业的净利润增速下滑似乎不可避免。

第二，从海康威视的营收来看，该企业的营收接近 500 亿元，且近年来增速开始减慢，这与该公司所处的行业有关。国内的安防行业经过多年发展，目前已经进入了成熟期，企业再扩展营收势必变得非常困难。但海康威视有相当大一部分市场在境外，这有可能成为其新的营收增长点。

第三，从该股的净资产收益率水平来看，该股的净资产收益率一直都比较高，最近几年都维持在 30% 以上，说明该企业是一个较佳的投资标的。

3. 海康威视整体分析

从海康威视的财务报表中可以看到，截至 2018 年年底，该公司的现金余额约为 265 亿元。对于一家营收接近 500 亿元的企业而言，这种现金余量非常充沛。截至 2018 年年底，该公司的应收账款达到了 166 亿元，而预收账款只有 6.4 亿元，说明该公司对下游企业的控制能力并不是很强，存在一定的财务风险。截至 2018 年，该公司的存货为 57 亿元，也属于一般水平。查看该公司 2018 年的研发费用可知，该公司的年度研发费用为 44.8 亿元左右，研发投入规模非常大，这在一定程度上可以保证企业以后若干年的竞争力。

总体来说，该公司的资产质量较佳，属于较佳的投资标的。在市场上，该公司被很多投资机构所推崇，有以下几个原因。

第一，该公司的产品竞争力极强，国内市场占有率第一，且在国外同类产品中也具有较强的竞争力，市场普遍看好其国际市场扩展能力。

第二，尽管安防视频产品的行业天花板临近，但由于物联网、5G通信的发展以及安防视频还有巨大的升级换代需求，这都给了海康威视较大的想象空间。

第三，连年巨额的研发投入，必将为未来进入高速增长通道提供支持。

4. 海康威视估值分析

以2018年年底每股收益1.24元为基准，并以5%的净利润增长率计算（根据2019年年中报显示，该公司半年业绩增长率为1.67%，年报5%的预期有可能完不成），2019年的每股收益为1.3元，2020年预期增长10%，则每股收益为1.43元。鉴于该股的净利润增速很低，难以达到业内平均水平，因此，投资者也不能用科技行业平均50倍的市盈率计算估值，而是要减为20倍到25倍（该倍数是综合了成熟消费品行业的估值以及考虑了海康威视巨额的研发投入后确定的），则该股2019年的合理估值应该在26～32.5元之间。若该股的净利润增速为5%，那么，该股20倍市盈率所对应的PEG值为4，这是一个偏高的水平，但我们相信海康威视仍有望在几年内重新回到业绩快速增长的轨道上来。

海康威视的日K线走势情况如图4-12所示。

海康威视的股价自2019年上半年随大盘的震荡出现了剧烈波动。该股股价在触及23.55元的低位后开始震荡上行，2019年9月30日，该股收盘于32.3元。通过之前对海康威视股价的估值分析可知，该股的合理价格区间应该在26～32.5元之间。也就是说，截至2019年9月底，海康威视的股价位于估值区间的顶部区域。出于投资安全考虑，投资者最好在该股股价回调一定幅度后再分批建仓。

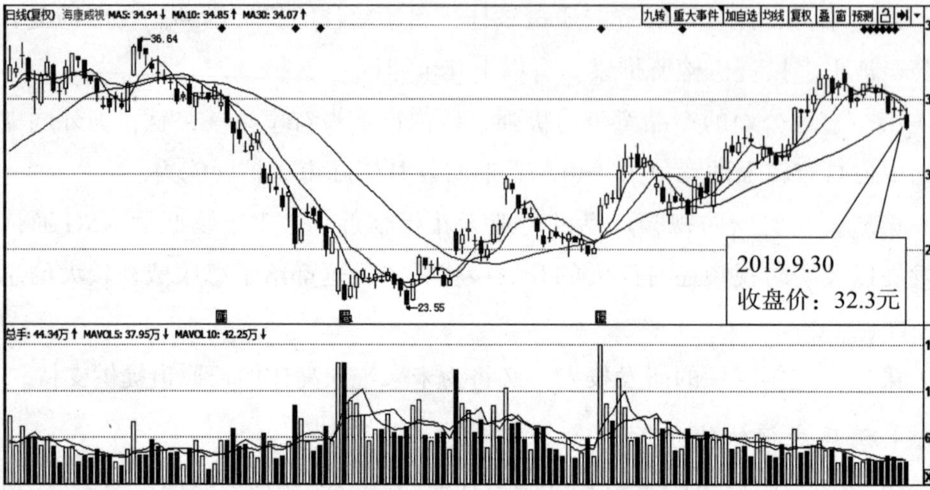

图 4-12　海康威视（002415）日 K 线走势图

四、电子制造服务企业——光弘科技

惠州光弘科技股份有限公司是一家专业从事消费电子类、网络通信类、汽车电子类等电子产品的 PCBA 和成品组装，并提供制程技术研发、工艺设计、采购管理、生产控制、仓储物流等完整服务的电子制造服务（EMS）企业。与华为技术、上海大唐、中兴通讯等知名品牌商和华勤通信、闻泰科技等领先 ODM 企业建立了良好的合作关系。

1. 基本产品线与盈利构成

光弘科技作为电子生产服务行业的代表企业，为多家知名电子企业提供生产服务，其收入主要来自各类电子产品的加工和生产。光弘科技的产品销售与利润占比情况如表 4-17 所示。

从表 4-17 中可以看出，光弘科技的整个收入以 EMS 制造为主，占整个收入的 100%。同时，该公司是华为、中兴、闻泰科技等企业的主要供应商。该公司生产线能够生产各类消费电子产品、网络通信产品、汽车电子和物联网相关产品。从营收占比来看，消费电子（主要是手机）所占的比重非常大，主要因为华为是该公司的第一大客户。从毛利率来看，该公司产品的毛利率达到了 33.52%，这在电子制造行业属于较高水平。

表 4-17　光弘科技的产品及收入构成（2018 年度）

业务名称		营业收入（元）	收入比例	营业成本（元）	成本比例	利润比例	毛利率
按行业	EMS 制造	15.94 亿	100.00%	—	—	—	—
按产品	消费电子	11.27 亿	70.53%	7.49 亿	84.52%	85.84%	33.52%
	网络通信类	2.00 亿	12.49%	1.37 亿	15.48%	14.16%	31.24%
	汽车电子	1.16 亿	7.23%	—	—	—	—
	物联网	8 848.31 万	5.54%	—	—	—	—
	其他	6 726.86 万	4.21%	—	—	—	—
按地区	华南地区	9.98 亿	62.48%	6.70 亿	76.64%	77.06%	32.88%
	华东地区	3.02 亿	18.90%	2.04 亿	23.36%	22.94%	32.36%
	境外	1.47 亿	9.18%	—	—	—	—
	西南地区	1.06 亿	6.64%	—	—	—	—
	华中地区	3 545.66 万	2.22%	—	—	—	—
	华北地区	934.15 万	0.58%	—	—	—	—
	西北地区	6.41 万	0.004%	—	—	—	—

2. 光弘科技财务数据说明

光弘科技前几年的财务与收益数据情况如表 4-18 所示。

表 4-18　光弘科技财务数据

时间	2018	2017	2016	2015	2014
每股收益（元）	0.77	0.65	0.61	0.4	—
净利润增长率	57.48%	12.56%	62.01%	37.95%	83.98%
营业总收入（亿元）	15.98	12.74	12.27	9.18	7.38
每股净资产（元）	5.11	4.53	2.3	1.55	1.91
净资产收益率	15.99%	24.86%	31.52%	23.39%	16.97%

注：2018 年该股有分红、配股情况。

从光弘科技的财务数据情况来看，可以获得以下几个事实。

第一，从光弘科技历年的净利润增长数据可以看出，除了 2017 年外，其他年份该股的净利润增速都比较高。即使将各年度净利润增速平均化，也有超过 40% 的增速，说明该公司经营情况非常好，这与该公司与华为、中兴等企业合作有关。特别是最近两年，随着华为手机的强势崛起，光弘科技的业绩也节节攀高。

第二，从光弘科技的营收来看，该企业的营收增速始终保持较快增长，但整体上来看，规模仍不大，未来仍有很大的成长空间。

第三，从该股的净资产收益率水平来看，该股的净资产收益率一直都比较高，即使最近两年也能维持在 15% 以上，说明该股是较佳的投资标的。

3. 光弘科技整体分析

从光弘科技的财务报表中可以看到，截至 2018 年年底，该公司的现金余额约为 2.6 亿元。对于一家营收只有 16 亿元的企业而言，这种现金余量不高，但也算可以接受。截至 2018 年年底，该公司的应收账款达到了 4.58 亿元，而预收账款只有几百万元，说明该公司对下游企业的控制能力很弱，存在一定的财务风险。但该公司的客户是华为、中兴等企业，这类企业即使账期长一些，但不会有坏账问题。截至 2018 年，该公司的存货很少，这与该公司的运营模式有关。查看该公司 2018 年的研发费用可知，该公司的年度研发费用为 6 500 万元，属于研发投入一般的企业。

通过查询该公司的主要客户可知，该公司的前五大客户占企业营收的 75.44%，其中第一大客户就占总营收的 20.84%。也就是说，该公司对大客户依赖相当严重。当客户稳定时，该公司的业绩不会有任何问题。

4. 光弘科技估值分析

以 2018 年年底的每股收益 0.77 元为基准，并以 40% 的净利润增长率计算，2019 年的每股收益为 1.08 元，2020 年仍可能会增长 40%，则每股收益为 1.51 元。2018 年年度分红之后，2019 年每股盈利预测值为 0.85 元，2020 年的预测值为 1.18 元。不过，光弘科技缺少核心技术，无法按照科技股的估值倍数赋值，只能按照一般性的生产企业 30 倍市盈率估值计算，其 2019 年的股价预测值为 25.5 元。若该股的净利润增速能够达到 40%，那么，该股 30 倍市盈率所对应的 PEG 值仅为 0.75，属于略低的水平。若将 PEG 值放大至 1 的水平，则市盈率应为 40 倍，股价预测值为 34 元。

光弘科技的日 K 线走势情况如图 4-13 所示。

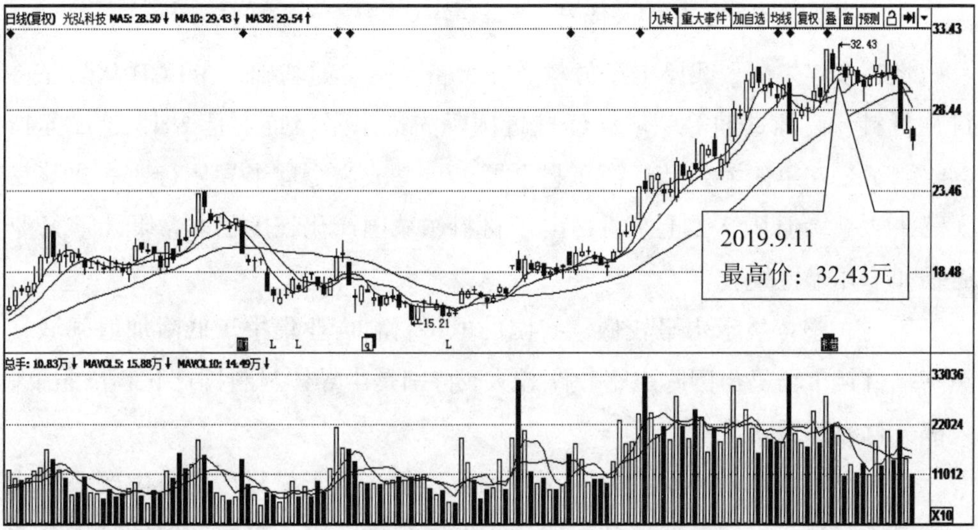

图 4-13 光弘科技（300735）日 K 线走势图

光弘科技的股价自 2019 年上半年随大盘的震荡出现了剧烈波动。该股股价在触及 15.21 元的低位后开始震荡上行，2019 年 9 月 11 日，该股股价最高达到 32.43 元。通过之前对光弘科技股价的估值分析可知，该股的合理价格区间应该在 25.5～34 元之间。也就是说，截至 2019 年 9 月底，光弘科技的股价位于估值区间的顶部区域。出于投资安全考虑，投资者最好在该股股价回调一定幅度后再分批建仓。

第五节 电子材料行业投资逻辑

电子材料是电子信息技术和产业发展的基础，电子材料行业也属于电子科技行业的上游产业，对整个电子科技行业的发展有着至关重要的影响。

一、电子材料行业竞争分析

电子材料涉及的种类非常多，包括半导体材料、光电材料（主要为硅材料）、电子陶瓷材料、磁性材料、覆铜板材料、压电晶体材料、电子精细化工材料、真空电子及专用金属材料、电子焊接材料等。

1. 电子材料行业的整体情况

经过多年发展，我国电子材料产业具备了一定的基础，在PCB化学品、封装材料、高纯试剂等领域已经接近国际先进水平。特别是2015年江苏长电收购了全球第四大封装厂商星科金朋，一举成为全球半导体行业的封装三大巨头之一。但从整体上来看，电子材料领域国产化程度仍非常低。该行业面临如下几个挑战。

第一，整体技术水平较低。我国的电子材料产业集中于低附加值领域，在高端材料市场仍与国际水平差距较大。特别是半导体材料国产化程度很低，大部分材料都需要进口。

第二，品种相对较少，且缺乏系列化。很多电子材料厂商只生产一种或几种电子材料，也有一些厂商专门为一些客户生产电子材料，致使这些企业生产的电子材料种类很少，且缺少高端电子材料的研发与生产。

第三，电子材料生产厂商的规模相对较小。小规模厂商难以拿出巨额资金投入研发，这在一定程度上限制了材料行业的技术攻关能力。

2. 电子材料行业的竞争态势

随着电子信息行业的快速发展，电子材料行业也迎来了发展的春天。目前，电子材料行业的竞争态势呈现出如下几个特征。

第一，技术含量较高的电子材料领域，仍被国外产业巨头垄断，包括杜邦公司、陶氏化学、默克集团、三菱化学、信越化学、东京应化、住友化学等。

第二，国内电子材料行业中，涉足高端电子材料的企业较少，且技术含量落后于国际巨头。同时，由于国内电子信息行业快速发展，个别领域经常出现供不应求的局面，这在一定程度上制约了国内电子信息行业的发展。

第三，在低端电子材料领域，存在很多恶性竞争、重复建设的情况，这在一定程度上浪费了资源，不利于行业的技术升级。

3. 电子材料行业的发展趋势

随着电子信息行业的蓬勃发展，电子材料行业呈现出如下几个趋势。

第一，通过多年的技术与资金积累，越来越多的电子材料企业开始涉足高端电子材料领域。未来，这些材料的国产化程度将会进一步增加。如半导体多晶硅、电子锡焊料、覆铜版、电子铜箔、磁性材料、光纤等材料生产规模已跃居世界第一。

第二，电子材料产业的技术升级换代，为国产电子材料企业提供了追赶国际巨头的良机。比如在 MO 源（高纯金属有机化合物）材料领域，南大光电是全球仅有的 4 家生产企业之一，市场占有率达到 28.1%，位居世界第一。在抛光材料领域，安集微电子生产的铜 / 铜阻挡层抛光液已在 12 英寸芯片生产线使用。

第三，电子材料被称为“我国电子产业之痛”。越来越多的企业开始涉足电子材料领域，未来 5～10 年将是我国电子材料迅速发展的时期。

二、电子材料企业投资逻辑

需要奋起直追的行业，往往更容易涌现出优秀的企业。投资者在选择投资标的时，需要重点考虑以下几个因素。

第一，重点关注半导体材料行业的发展状态。由于芯片与集成电路行业受到前所未有的重视，半导体材料行业将迎来发展黄金时期。每年大量的半导体材料需求，必将促使该领域内的企业进入业绩增长的快车道。

第二，关注电子材料领域内的重组与合并动态。新的电子材料巨头的产生很有可能是通过兼并、收购其他电子材料企业完成的，要特别关注国内电子材料企业对国际上技术比较先进的电子材料企业的兼并活动。

第三，由于电子材料行业处于整个电子信息行业的上游，而电子信息行业近年来发展非常迅速，这无疑会使行业内的龙头企业获利颇丰，比如上海新阳、江丰电子、国瓷材料、中环股份等。也就是说，将投资标的锁定在细分领域的龙头，投资成功的概率更高。

第四，关注最新的技术动向。国内电子材料企业与国际巨头之间存在较大技术差距，真正能够让电子材料企业完成国产化替代，还是要靠技术攻关。因而，投资者需要关注这些电子材料企业的最新技术动向以及研发投入量。

三、电子材料企业——中环股份

中环股份是全球最大的半导体硅片供应商之一。目前，中环股份在国内市场的半导体硅片领域占有率高达 75%，全球市场占有率为 18%。

天津中环半导体股份有限公司是生产半导体分立器件的专业厂家，是天津市高新技术企业。公司主要产品有高压硅堆、硅整流二极管、硅桥式整流器等，广泛应用于行输出变压器、彩色电视机、显示器、微波炉、空气清新机等电子设备，年生产能力在 10 亿支以上。公司产品行销全国并远销海外 21 个国家和地区。

1. 基本产品线与盈利构成

中环股份作为半导体材料行业的代表企业，为各类高科技企业提供单晶硅材料和半导体器件产品，其收入主要来自各类硅片的加工、生产。中环股份的产品销售与利润占比情况如表 4-19 所示。

表 4-19　中环股份的产品及收入构成（2018 年度）

业务名称		营业收入（元）	收入比例	营业成本（元）	成本比例	利润比例	毛利率
按行业	新能源行业	124.27 亿	90.34%	103.96 亿	91.44%	85.11%	16.35%
	半导体行业	11.66 亿	8.48%	8.71 亿	7.66%	12.38%	25.34%
	其他	1.14 亿	0.83%	8 786.01 万	0.77%	1.10%	22.95%
	服务行业	4 847.03 万	0.35%	1 473.19 万	0.13%	1.41%	69.61%
按产品	新能源材料	120.92 亿	87.90%	102.74 亿	90.37%	76.14%	15.03%
	半导体材料	10.13 亿	7.36%	7.08 亿	6.23%	12.76%	30.08%
	电力	3.35 亿	2.44%	1.21 亿	1.07%	8.97%	63.83%
	半导体器件	1.53 亿	1.11%	1.62 亿	1.43%	−0.38%	−5.97%
	其他	1.14 亿	0.83%	8 786.01 万	0.77%	1.10%	22.95%
	服务业	4 847.03 万	0.35%	1 473.19 万	0.13%	1.41%	69.61%
按地区	境内	104.73 亿	76.13%	87.70 亿	77.14%	71.32%	16.25%
	境外	32.83 万	23.87%	25.98 亿	22.86%	28.68%	20.85%

从表 4-19 中可以看出，中环股份的收入以新能源材料为主，占整体收入的 87.9%，半导体材料营收占企业总收入的比重为 7.36%。不过，观察该公司的毛利率水平可以发现：半导体材料的毛利率高达 30.08%，而新能源材料的毛利率仅为 15.03%。也就是说，新能源材料的毛利率仅为半导体材料毛利率的一半。当然，若比较毛利率水平，电力和服务业的毛利率更是超过了 60%，不过，这两项收入占总营业收入的比例相对较低。

从产品营收构成来看，该企业生产的硅片主要供应给了新能源企业，其次才是半导体企业，这与目前半导体对硅材料的需求远远小于新能源行业有关。未来，随着半导体行业对硅材料需求的扩大，该企业在半导体材料方面的营收有望进一步放大。

2. 中环股份财务数据分析

中环股份前几年的财务与收益数据情况如表 4-20 所示。

表 4-20 中环股份财务数据

时间	2018	2017	2016	2015	2014
每股收益（元）	0.23	0.22	0.15	0.09	0.14
净利润增长率	8.16%	45.41%	98.94%	52.96%	84.4%
营业总收入（亿元）	137.56	96.44	67.83	50.38	47.68
每股净资产（元）	4.51	4.17	3.99	3.86	6.27
净资产收益率	5.06%	5.39%	3.87%	2.92%	3.08%

注：2014 年该股有大比例转股情况。

从中环股份的财务数据情况来看，可以获得如下几个事实。

第一，从中环股份历年的净利润增长数据可以看出，除了 2018 年外，其他年份该股的净利润增速都比较高。即使将各年度的净利润增速平均化，也超过了 55%，说明该公司经营情况非常好。但是，具体到每股收益方面，大家可以发现，该股的每股收益仍处于较低水平，未来该股的每股收益仍有很大的上涨空间。

第二，从中环股份的营收来看，该企业的营收增速始终保持着较快的速度，但总体来看，规模仍不大，未来仍有很大的成长空间。

第三，从该股的净资产收益率水平来看，该股的净资产收益率仅在2017年和2018年超过了5%。不过，即使是5%，仍处于一个很低的水平，如果净资产收益率低于5%，则说明资产运营效率很低。投资者若想投资该类股票，需重点考虑该股的净利润增长水平。只有保持高速增长，才能让净资产收益率快速超过10%。

3. 中环股份整体分析

从中环股份的财务报表可以看到，截至2018年年底，该公司的现金余额约为67.4亿元。对于一家营收137亿元的企业而言，这种现金余量是非常高的。截至2018年年底，该公司的应收账款达到了27.21亿元，而预收账款为6.9亿元，说明该公司对下游企业的控制能力还可以。截至2018年，该公司的存货在17亿元左右，仍属于较佳的水平。查看该公司2018年的研发费用可知，该公司的年度研发费用为1.7亿元，属于研发投入一般的企业。

从整体上来看，该公司营收与净利润的快速增长是建立在市场需求快速增长的基础之上的。当然，按照目前半导体行业的发展态势，未来对硅材料的需求可能会进一步放大，对于中环股份来说，这无疑是一个大大的利好。

4. 中环股份估值分析

以2018年年底每股收益0.23元为基准，并以40%的净利润增长率计算，2019年的每股收益为0.32元，2020年仍可能会增长40%，则每股收益为0.45元。作为电子材料领域的龙头企业，可以按照30倍市盈率来为股票估值，2019年的股价预测值为9.6元。若该股票净利润增速能够达到40%，那么，该股30倍市盈率对应的PEG值仅为0.75，属于略低的水平。若将PEG值放大至1，则市盈率应为40倍，股价预测值为12.8元。

中环股份的日K线走势情况如图4-14所示。

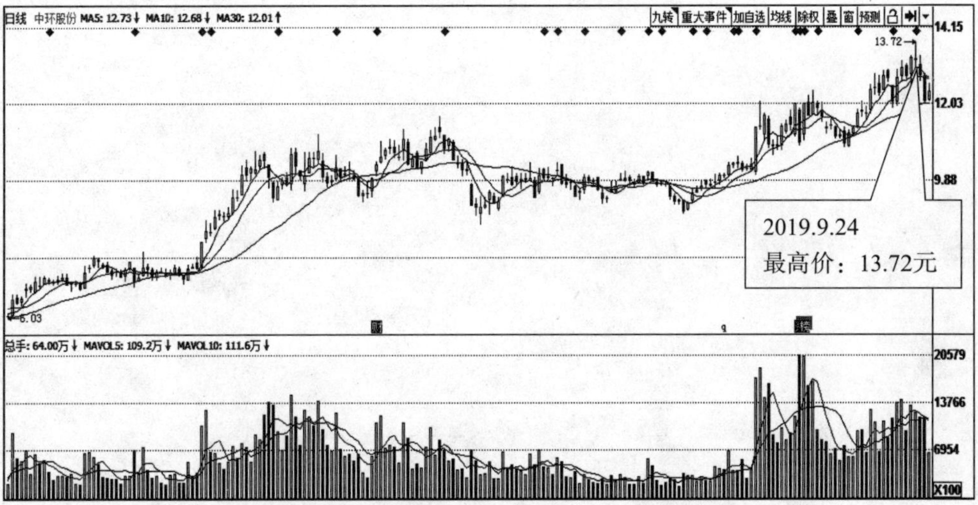

图 4-14 中环股份（002129）日 K 线走势图

中环股份的股价自 2019 年上半年随大盘的企稳反弹出现了震荡上升走势。不过，在 2019 年 4 月之后的大盘调整行情中，中环股份始终保持横向盘整态势，显露了走强迹象。其后，随着大盘进入修复走势，中环股份重新开始上攻。2019 年 9 月 24 日，该股股价最高达到 13.72 元。通过之前对中环股份股价的估值分析可知，该股的合理价格区间应该在 9.6～12.8 元之间。也就是说，截至 2019 年 9 月底，中环股份的股价位于估值区间的顶部区域。出于投资安全考虑，投资者最好在该股股价回调一定幅度后再分批建仓。

第五章

信息技术行业投资研究

信息技术，是用于管理和处理各类信息所采取的各种技术的总称。现代信息技术更多地是以计算机为载体对信息进行管理的技术。现代信息技术是我国七大战略性新兴产业之一，是引领未来经济、科技和社会发展的重要力量。

1. 信息技术行业的特征

信息技术行业属于典型的知识密集型行业，具有如图 5-1 所示的几个显著特征。

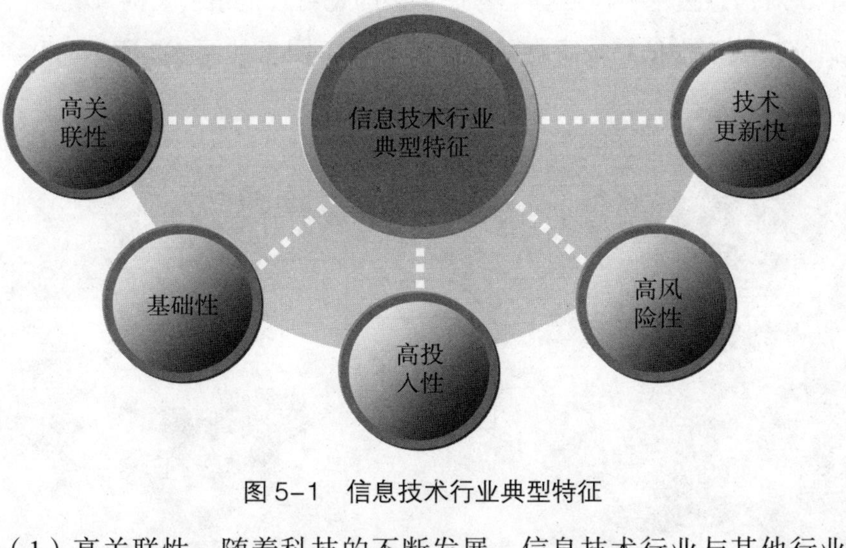

图 5–1 信息技术行业典型特征

（1）高关联性。随着科技的不断发展，信息技术行业与其他行业的联结越来越紧密，信息技术行业与其他行业的融合性不断加强。

（2）基础性。随着新一代信息技术的兴起，物联网、5G、人工智能等新兴领域层出不穷，而信息技术行业无疑成了各类新兴技术行业的基础性行业。

（3）高投入性。信息技术行业属于典型的高投入行业，无论是信息技术设备的投入，还是研发人员的薪酬投入，都是相当大的数字。

（4）高风险性。信息技术行业本身是一个高收益性行业，与高收益性相伴的是高风险性。一旦企业的投入方向出现问题或者自身技术被取代，都可能导致之前的投入全部化为乌有。

（5）技术更新快。技术更新速度快，是信息技术行业最显著的一个特征。无论何种信息技术，其占据优势地位的时间都很短，且很快就会被新的技术取代。也就是说，信息技术行业内的企业必须不断加大研发投入，才能保持行业内的领先地位。

2. 信息技术行业的类别

因分类标准不同，信息技术行业的类别也有所不同。作为一本讲述投资的图书，对信息技术行业的分类考虑更多的是目前上市公司的分类。

目前，股市中信息技术行业企业包括但不限于如图 5-2 所示的几个细分领域。

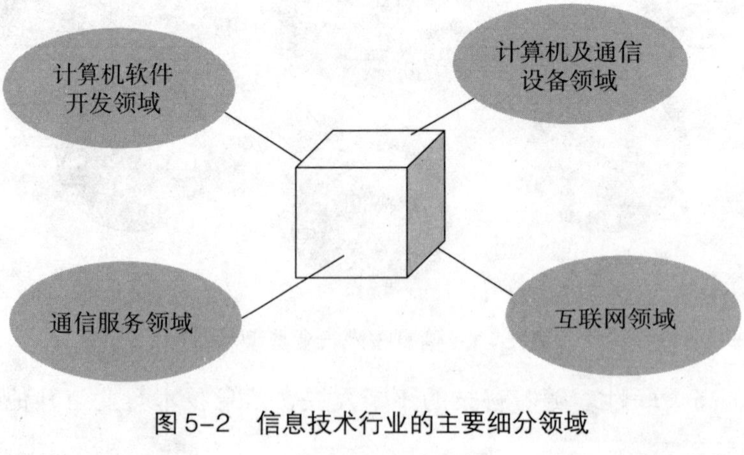

图 5–2　信息技术行业的主要细分领域

在信息技术行业，计算机及通信设备、软件开发以及通信服务都是非常重要的细分领域。

第一节 计算机及通信设备行业投资逻辑

在信息技术行业，计算机及通信设备行业属于典型的硬件领域，是为整个信息技术行业提供硬件支持的领域。该领域的计算机设备包括输入、输出、存储、计算等设备（其中还包括大型、专业的超级计算机设备），而通信设备又包括无线传输设备、有线传输设备以及路由器、解调器、交换机、光纤等。

一、计算机及通信设备行业竞争分析

计算机及通信设备行业与第四章的电子元器件行业有着密切的联系。毕竟，计算机及通信设备企业生产这些设备时，都需要电子元器件。因此，计算机及通信设备行业也具有与电子元器件行业相似的竞争情况。

1. 计算机及通信设备行业整体竞争态势

计算机及通信设备行业面对的竞争形势不容乐观，具体表现在以下几个方面。

第一，从该行业的上游情况来看，可以发现其上游为电子元器件行业。技术含量较高的电子元器件仍由外资企业掌控，而这部分元器件占计算机及通信设备的成本较高。随着这部分电子元器件产品价格的提升，计算机及通信设备企业成本承压比较大。

第二，计算机及通信设备行业属于竞争比较充分的行业，最新的5G行业除外。因此，消费者具有较强的议价能力。企业为了赢得最终的市场，不得不压低售价。成本上扬，售价却不断走低，使得计算机及通信设备行业的盈利能力出现明显不足。

第三，从外围需求来看，计算机及通信设备行业属于一个更新换代比较快的行业。消费者存在一定的换代需求，因而整个市场环境偏向于乐观。当然，这种环境并不会对所有企业一视同仁，只有那些技术研发能力较强的企业，

才能获得更多的机会。

第四，从整体上来看，计算机及通信设备行业的集中度将会进一步提升。大型科技巨头在人才、技术、资金等方面的优势，使得其在新技术研发中处于优势地位。未来，随着市场竞争的加剧，行业集中度提升将成为一种大概率事件。

2. 计算机及通信设备行业发展趋势

计算机及通信设备行业的整体市场规模趋于饱和，使得整个行业的营收增速趋缓，且随着成本高企，越来越多的企业陷入盈利困境。

第一，从大环境上来看，计算机及通信设备行业仍处于复苏期，在短期内仍有望上行。当然，鉴于市场趋于饱和的现状，这种增速不会太快。

第二，技术仍是决定一个企业获利能力的先决条件。注重研发新产品的企业，很可能获得更多的额外收益。华为在这方面给我国的科技企业指明了一条发展道路，即作为科技型企业，要想立于不败之地，首先要做的就是提升自己的研发水平。研发实力雄厚，对手就无法打败自己。预计未来将会有更多的计算机及通信设备企业增加研发投入，也会有更多的行业外资本进入该领域，以促进行业整体科技水平的提升。

第三，在通信设备领域，随着国家相关政策的出台，为通信设备生产企业的发展注入了强劲的动力，未来几年我国信息基础设施建设有望达到国际发达国家水平。近年来，以华为、中兴为代表的通信设备制造企业频频参与国际竞争，表现出了较强的国际竞争力。

二、计算机及通信设备企业投资逻辑

计算机及通信设备行业属于资金与知识密集型行业，往往是那些技术优势明显的企业更容易在竞争中脱颖而出。投资者在选择投资标的时，需要关注以下几方面。

第一，关注已经获得相对竞争优势的企业。在 5G 领域的争夺中，华为、中兴已经明显具备了与国际巨头对抗的技术，因此，这也应该成为投资者重点关注的标的。当然华为并未上市，而中兴由于核心技术被卡，曾多次被美国制裁。但我们仍要相信，一家强大的企业在某个地方摔倒后，终会从这个地方站起来。

第二，重点关注拥有知名高校背景或研究院所的企业，特别是北大系、清华系、中科院系的企业。由于这些企业背后拥有强大的技术人才储备，往往会在技术突破方面表现出特别突出的优势，如中科曙光、紫光股份、同方股份。

第三，寻找在新一代信息技术中能够大展身手的设备供应商。比如，能够支持 5G、云计算、物联网、大数据等领域的设备供应商，如浪潮信息、天孚通信。

三、计算机设备行业——中科曙光

中科曙光是一家典型的高科技企业，也是生产高性能计算机的龙头企业，在国内高性能计算机产品市场中连续多年占有率排名第一。

曙光信息产业股份有限公司主营业务为研究、开发、生产制造高性能计算机、通用服务器及存储产品，并围绕高端计算机提供软件开发、系统集成与技术服务。主要产品为高端计算机、存储产品、软件开发、系统集成、技术服务。

1. 基本产品线与盈利构成

中科曙光作为高性能计算机设备生产的代表企业，为各类企事业单位和政府机构、研究院所提供产品。其收入主要来自高性能计算机产品、通用服务器产品以及软件产品等。中科曙光的产品销售与利润占比情况如表 5-1 所示。

从表 5-1 中可以看出，中科曙光的整个收入以高性能计算机为主，占整体收入的 79.51%。不过，高性能计算机的利润占比仅为 45.09%，成本占比高达 87.23%，说明高性能计算机的生产属于一个高投入、低产出、低毛利率的领域，这也可以理解为何涉足该领域的企业少之又少。当然，其他企业没有涉足该领域，还与需要较多的科研人员有关，这也不是其他企业所具备的资源。

表 5-1 中科曙光的产品及收入构成（2018 年度）

业务名称		营业收入（元）	收入比例	营业成本（元）	成本比例	利润比例	毛利率
按行业	企业	40.97 亿	45.24%	34.56 亿	46.71%	38.64%	15.64%
	政府	27.03 亿	29.85%	20.59 亿	27.83%	38.86%	23.82%
	公共事业	22.56 亿	24.91%	18.83 亿	25.45%	22.50%	16.53%
按产品	高端计算机	72.01 亿	79.51%	64.53 亿	87.23%	45.09%	10.38%
	软件开发、系统集成、技术服务	9.87 亿	10.89%	2.54 亿	3.43%	44.21%	74.29%
	存储产品	8.69 亿	9.59%	6.91 亿	9.35%	10.70%	20.41%
按地区	北部大区	44.57 亿	49.22%	37.63 亿	50.86%	41.89%	15.58%
	东部大区	24.59 亿	27.15%	19.61 亿	26.51%	30.02%	20.23%
	南部大区	14.67 亿	16.20%	11.85 亿	16.02%	17.00%	19.21%
	西部大区	6.72 亿	7.43%	4.89 亿	6.61%	11.09%	27.33%

软件开发、系统集成与技术服务属于中科曙光的第二大业务领域，营收占比为 10.89%，但利润占比高达 44.21%，几乎与高端计算机产品持平。也就是说，该项业务以占有较少的资源，为公司获取了较高的投资回报。该项业务的毛利率更是高达 74.29%。

从产品营收构成来看，高端计算机产品尽管利润率相对较低，却是中科曙光的立企之本，软件则是中科曙光的主要盈利来源。当然，软件与硬件的融合将成为中科曙光的一大利润增长点。总体来看，基于强大的中科院背景和雄厚的科研实力，以及相关政策的扶持，中科曙光的发展会比较顺利。

2. 中科曙光财务数据分析

中科曙光前几年的财务与收益数据情况如表 5-2 所示。

表 5-2 中科曙光财务数据

时间	2018	2017	2016	2015	2014
每股收益（元）	0.67	0.48	0.36	0.59	0.49
净利润增长率	39.43%	37.71%	26.77%	52.7%	19.81%

续表

时间	2018	2017	2016	2015	2014
营业总收入（亿元）	90.57	62.94	43.6	36.62	27.97
每股净资产（元）	5.69	4.89	4.52	4.47	3.94
净资产收益率	12.49%	10.24%	10.59%	14.09%	13.92%

注：2015 年、2018 年年报该股有大比例转股情况。

从中科曙光的财务数据情况来看，可以获得以下几个事实。

第一，从中科曙光历年的净利润增长数据可以看出，近几年来，中科曙光的净利增速处于高速上升期，且最近两年有加速的态势。

第二，从中科曙光的营收来看，该企业的营收增速始终保持较快的速度，但总体来看，规模仍不大，未来仍有很大的成长空间。

第三，从该股的净资产收益率来看，该股的净资产收益率在 10% 以上，未达到 15% 的理想投资收益及格线。当然，这与该公司资源中有相当大一部分被用于研发高性能计算机有关，从这一点上来看，这种收益率还是可以接受的。

总之，该公司是不错的投资标的，而且该公司研发的高性能计算机产品对于国家具有重要的战略意义。

3. 中科曙光整体分析

从中科曙光的财务报表中可以看到，截至 2018 年年底，该公司的现金余额约为 20 亿元。对于一家营收只有 90 亿元的企业而言，这种现金余量还是不错的。截至 2018 年年底，该公司的应收账款达到了 25.3 亿元，而预收账款为 4.34 亿元，说明该公司对下游企业的控制能力还可以。尽管应收账款偏高，但由于客户质量较佳，且高性能计算机产品具有工程性质，存在延期付款的状况，因而可以保证财务的安全性。截至 2018 年，该公司的存货在 23 亿元左右，属于可控的水平。查看该公司 2018 年的研发费用可知，该公司的年度研发费用为 5 亿元左右，属于研发投入中等偏上的水平。

从整体上来看，该公司营收与净利润的快速增长是建立在市场需求快速增长的基础之上的。按照目前计算机行业的发展态势，未来对高性能计算机产品和相关软件产品的需求可能会进一步放大，对于中科曙光来说，这无疑是一个大大的利好。同时该公司在以下几个方面也比较具有优势。

第一，背靠中科院，这是中科曙光最大的品牌优势。

第二，丰富的技术积累和人才储备，这一点也源于该企业属于中科院系的企业。

第三，借着云计算、人工智能以及大数据的东风，中科曙光的业绩增长空间十分广阔。

4. 中科曙光估值分析

以 2018 年年底每股收益 0.67 元为基准，并以 40% 的净利润增长率计算，2019 年的每股收益为 0.94 元（2018 年年报转增后为 0.7 元），2020 年仍可能增长 40%，则每股收益为 1.31 元（2018 年年报转增后为 0.99 元）。作为高性能计算机领域的龙头企业，可以按照 30 倍市盈率来为股票估值（主要是高性能计算机产品毛利率偏低），其 2019 年的股价预测值为 21 元。若该股净利润增速能够达到 40%，那么，该股 30 倍市盈率所对应的 PEG 值仅为 0.75，属于略低的水平。若将 PEG 值放大至 1 的水平，则市盈率应为 40 倍，股价预测值为 28 元。

中科曙光的日 K 线走势情况如图 5-3 所示。

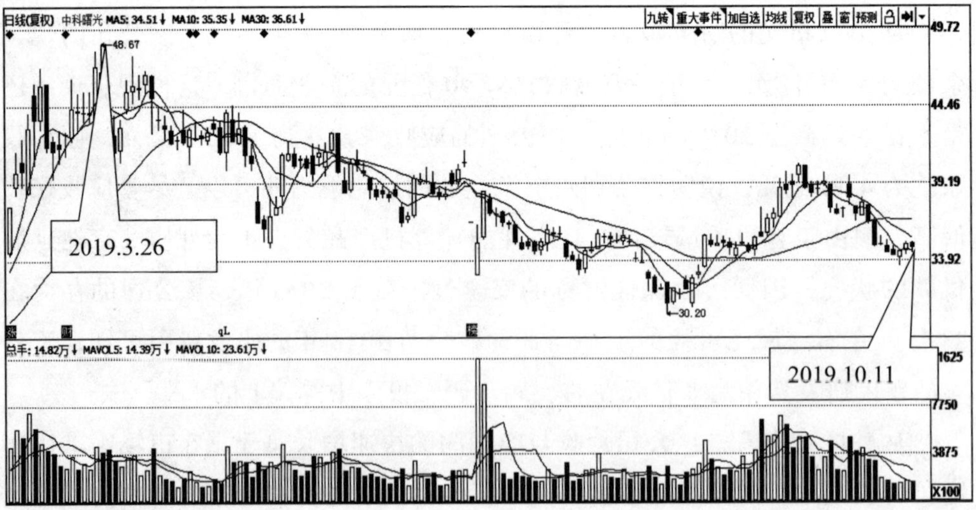

图 5-3　中科曙光（603019）日 K 线走势图

中科曙光的股价自 2019 年上半年随着中美贸易摩擦在科技领域的竞争而出现了大幅走高态势。不过，在 2019 年 3 月底创下 48.67 元的阶段高点后开始震荡走低。2019 年 10 月 11 日该股的收盘价为 34.64 元。通过之前对中科曙光股价的估值分析可知，该股的合理价格区间应该在 21～28 元之间。也就是说，截至 2019 年 10 月初，中科曙光的股价高于估值区间的上限。出于投资安全考虑，投资者最好在该股股价至估值区间内再建仓买入。

四、通信设备行业——亿联网络

亿联网络是一家与其他通信设备厂商不同的企业，该公司生产的通信设备主要输出至国际市场。厦门亿联网络技术股份有限公司是全球领先的以互联网为基础的统一通信终端解决方案提供商，集研发、销售及服务于一体，并通过外协加工的方式，为全球企业客户提供智能、高效的企业通信终端解决方案。

1. 基本产品线与盈利构成

亿联网络作为一家生产通信终端产品的代表企业，其收入构成十分简单，主要来自统一通信行业。亿联网络的产品销售与利润占比情况如表 5-3 所示。

表 5-3　亿联网络的产品及收入构成（2018 年度）

业务名称		营业收入（元）	收入比例	营业成本（元）	成本比例	利润比例	毛利率
按行业	统一通信行业	18.15 亿	100.00%	6.94 亿	100.00%	100.00%	61.79%
按产品	SIP 统一通信桌面终端	13.43 亿	74.02%	5.30 亿	76.37%	72.56%	60.56%
	DECT 统一通信无线终端	2.20 亿	12.13%	9 161.60 万	13.21%	11.46%	58.37%
	VCS 高清视频会议系统	1.75 亿	9.66%	4 435.82 万	6.40%	11.69%	74.70%
	配件及其他	7 594.85 万	4.19%	2 790.28 万	4.02%	4.29%	63.26%
按地区	美洲	7.43 亿	40.94%	2.73 亿	39.31%	41.96%	63.30%
	欧洲	6.83 亿	37.64%	2.66 亿	38.34%	37.21%	61.07%
	其他地区	3.88 亿	21.41%	1.55 亿	22.35%	20.83%	60.10%

从表 5-3 中可以看出，亿联网络的收入全部来自统一通信行业，其中又以 SIP 统一通信桌面终端为主，占总营收的 74.02%。从该公司的毛利率情况可以看出，该公司产品的毛利率水平极高，平均达到了 61.79%。

从销售地区划分可以看出，该公司的主要客户来自欧美国家和地区，其他地区的销售额仅占 21.41%。这种情况应该从两方面考虑：一方面说明企业产品的竞争力较强，获得了国际客户的认可；另一方面也说明，国际业务过多，企业业绩很容易受国际贸易摩擦和外汇汇率波动的影响。

2. 亿联网络财务数据分析

亿联网络前几年的财务与收益数据情况如表 5-4 所示。

表 5-4　亿联网络财务数据

时间	2018	2017	2016	2015	2014
每股收益（元）	2.85	4.22	7.72	4.42	2.69
净利润增长率	44.13%	36.65%	74.59%	64.46%	50.43%
营业总收入（亿元）	18.15	13.88	9.24	6.62	4.88
每股净资产（元）	11.68	19.25	14.37	7.9	4.47
净资产收益率	26.9%	26.67%	71.36%	74.51%	59.41%

注：2016 年、2017 年、2018 年年报该股均有大比例转股、分红情况。

从亿联网络的财务数据情况来看，可以获得以下几个事实。

第一，从亿联网络历年的净利润增长数据可以看出，亿联网络的业绩增速一直处于较高水平。当然，净利润增速最近两年相对于之前几年有所回落，但仍属于很高的水平。

第二，从亿联网络的营收来看，该企业的营收增速始终保持较快的速度，但总体来看，规模仍不大，未来仍有很大的成长空间。

第三，从该股净资产收益率水平来看，该股的净资产收益率在 25% 以上，属于非常理想的投资标的。

3. 亿联网络整体分析

从亿联网络的财务报表中可以看到，截至 2018 年年底，该公司的现金余额约为 3.7 亿元。对于一家营收不到 20 亿元的企业而言，这种现金余量还是不错的。截至 2018 年年底，该公司的应收账款达到了 3.09 亿元，而预收账款不足 1 000 万元，说明该公司对下游企业的控制能力相对较弱，应收账款偏高。截至 2018 年，该公司的存货不到 2 亿元，属于可控的水平。查看该公司 2018 年的研发费用可知，该公司的年度研发费用为 1.37 亿元左右，属于研发投入较大的企业，毕竟营收不足 20 亿元。

该公司的核心优势包括以下几项。

第一，该公司是 SIP 话机领域市场占有率全球第一的企业，而 SIP 电话终端的需求与日俱增，未来前景更为广阔。

第二，VCS 高清视频会议系统开始出现明显的放量增长态势，该项业务的毛利率很高，有望带动企业整体业绩加速上行。

4. 亿联网络估值分析

以 2018 年年底每股收益 2.85 元为基准，并以 40% 的净利润增长率计算，2019 年的每股收益为 3.99 元（2018 年年报转增后为 1.99 元），2020 年仍可能增长 40%，则每股收益为 5.59 元（按 2018 年年报转增后为 2.73 元）。作为 SIP 话机领域的龙头企业，可以按照 40 倍市盈率来为股票估值，其 2019 年的股价预测值为 79.6 元。若该股的净利润增速能够达到 40%，那么该股 40 倍市盈率所对应的 PEG 值仅为 1，属于比较合理的水平。

亿联网络的日 K 线走势情况如图 5-4 所示。

在 2019 年，亿联网络属于次新股，即上市时间不满 1 年的股票。该股股价在经历了上市初期的爆炒后，展开了一波回调走势。进入 2019 年后，随着大盘企稳反弹，出现了震荡走高的态势，该股股价也不断创出新高。2019 年 9 月 20 日，该股股价创出 69.58 元的阶段新高。通过之前对亿联网络股价的估值分析可知，该股的合理价格应该在 79.8 元左右。也就是说，截至 2019 年 9 月底，亿联网络的股价要低于估值。

投资者可择机入场持有该股。当然，对于该股的估值，主要是建立在 40% 净利润增速基础之上的。若该股净利润增速达不到该数字，那么，其估值必将随之调整。

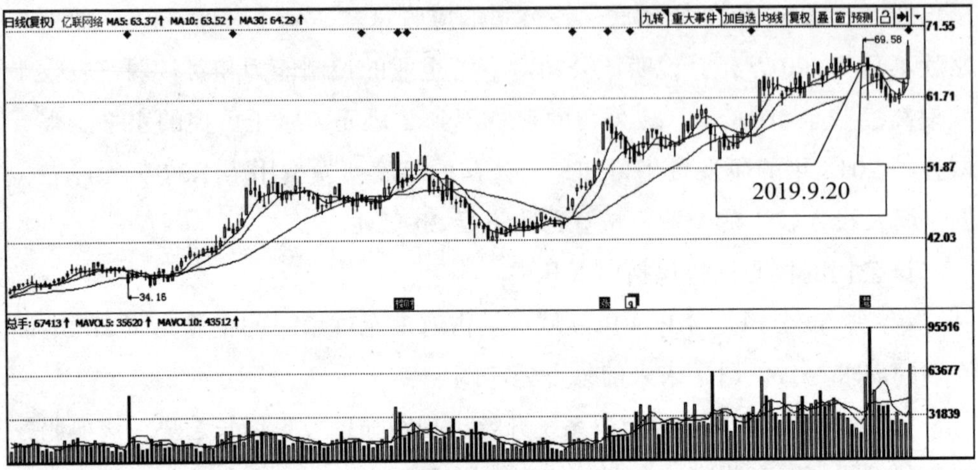

图 5–4　亿联网络（300628）日 K 线走势图

第二节　软件开发行业投资逻辑

软件开发行业是一个人才与技术密集型行业。提到软件开发行业，大家肯定会认为是一个充满暴利的行业，然而事实并非如此。一方面，我们所认识的真正赚钱的能够为大众提供软件的开发企业非常少，且大部分业务都被微软垄断；另一方面，大部分软件开发企业面对的客户是企事业单位等大客户，需要定制化开发，不仅工期比较长，回款周期也较长。可以这样说，软件开发行业远远没有我们看到的那么光鲜。

一、软件开发行业竞争分析

软件开发行业属于具有战略意义的新兴产业，近些年来，一直呈现较快的发展势头。特别是中美贸易摩擦以来，国产软件行业受到了前所未有的重视，人们对国产操作系统、数据库等基础软件、行业应用软件、大数据软件产生了更高、更广泛的需求。

1. 软件开发行业的整体态势

从整体上来看，软件行业呈现以下几个特点。

第一，大部分软件开发企业规模较小，竞争力不足。由于软件开发行业中的大部分细分领域都没有设置门槛，使得很多小型软件开发企业参与其中，但整体上缺乏竞争力。

第二，客户议价能力强，处于主导地位。软件开发企业的客户往往是一些大型企事业单位，这些客户具有很强的话语权。这就使得软件开发企业的回款速度慢，且经常出现延期付款甚至无法收回尾款的情况。

第三，研发人员工资持续走高，软件开发企业的生存难度加大。随着研发人员的工资不断走高，软件开发企业需要支付的人工成本越来越高。目前，软件开发人员的工资在整个职场中都是位列前茅的。

2. 软件开发行业的竞争环境

目前，国内软件开发行业主要的细分领域包括银行金融业软件、企业ERP、公用事业、医疗软件、安全软件等。从细分领域来看，软件开发行业各个细分领域的竞争态势不尽相同，具体表现在以下几个方面。

第一，银行金融系统的软件属于工程较为庞大的软件。不过，开发银行金融软件的企业需要具有相应的牌照，这是一个有很高门槛的领域。目前，该领域的主要软件供应商包括恒生电子、中科金财、赢时胜等。

第二，企业ERP软件系统是一个相对较为广阔的领域。不过，该领域已经经过了几轮激烈的市场竞争，目前市场集中度很高，其中用友网络、金蝶软件占据了较大的市场份额。

第三，公用事业、医疗软件领域属于增长速度较快的细分领域，目前，卫宁健康、东软集团、东华软件等占据了细分领域中较大的市场份额。

第四，安全软件领域也是发展较为迅猛的一个领域，目前，三六零、卫士通、启明星辰等企业占据了较大的市场份额。

3. 软件开发行业的未来趋势

随着网络信息化的普及，越来越多的行业需要借助软件来提升生产、工作效率，因而，从整体上来看，软件开发企业的前景仍十分广阔。未来几年，软件开发行业可能会呈现如下几个趋势。

第一，更多细分领域龙头企业显现。目前，在软件开发行业中，还有很多刚刚起步的细分领域需要挖掘，如教育系统、医疗系统、网络安全系统等。这些系统仍可能产生新的行业龙头。

第二，面向中小型企业的软件将会受到欢迎。由于中小型企业规模相对较小，很难使用定制化软件，毕竟成本太高，因而，一些开发通用的适合中小型企业的软件将会大受欢迎。

第三，随着软件开发企业技术实力的增强，对下游客户的议价能力有望得到提升，这将极大地提升企业的现金流和盈利能力。

二、软件开发企业投资逻辑

软件开发企业属于典型的高科技企业，投资者在选择投资标的时，需要着重考虑以下几个因素。

第一，细分领域的发展潜力。如前所述，不同的企业往往专注于不同的细分领域，但各个细分领域的发展空间并不相同。只有那些可拓展空间非常广阔的细分领域，才有可能孕育出更为强大的企业，比如三六零所处的网络安全领域。

第二，寻求细分领域内的龙头企业。如果行业具有较大的发展空间，某一软件企业在该细分领域内又属于龙头企业，那么，未来的盈利肯定值得期待。比如用友软件和金蝶软件在 ERP 和财务软件领域就具有这样的地位。

第三，寻找议价能力强的企业。如前所述，在软件开发领域，普遍存在议价能力较弱的情况，因此，那些议价能力相对较强的企业就显得尤为突出了，如科蓝软件、超图软件、用友网络、卫宁健康等。

三、ERP 及财务软件代表——用友网络

用友网络是国内最早从事财务软件开发的企业，也是 ERP 领域的领军企业。用友网络科技股份有限公司主营业务为软件及服务业务、企业互联网服务、互联网金融服务等。其主要服务为云服务业务、软件业务、金融服务业务。

1. 基本产品线与盈利构成

用友网络作为一家以财务软件和ERP软件开发为代表的企业，其收入构成十分简单，主要来自软件开发行业。用友网络的产品销售与利润占比情况如表5-5所示。

表5-5　用友网络的产品及收入构成（2018年度）

业务名称		营业收入（元）	收入比例	营业成本（元）	成本比例	利润比例	毛利率
按行业	软件行业	74.43亿	100.00%	22.87亿	100.00%	100.00%	69.28%
按产品	技术服务及培训	45.95亿	61.73%	21.20亿	92.72%	47.99%	53.86%
	软件产品	26.90亿	36.14%	4 074.09万	1.78%	51.38%	98.49%
	其他	1.58亿	2.13%	1.26亿	5.50%	0.63%	20.55%
按地区	境内	73.51亿	98.76%	22.53亿	98.54%	98.85%	69.35%
	境外	9 255.66万	1.24%	3 344.85万	1.46%	1.15%	63.86%

从表5-5中可以看出，用友网络的收入全部来自与软件有关的业务，其中又以技术服务及培训为主，占总营收的61.73%。从该公司的毛利率情况可以看出，该公司产品的毛利率水平极高，平均达到了69.28%。这也是我们总认为软件行业属于暴利行业的原因。

从产品类型上可以看出，该公司的软件产品本身所占营收的比重不大，只有36.14%，利润却占到了51.38%，也就是说，支撑企业利润的还是软件产品。软件产品的毛利率更是高达98.49%，这种毛利率是其他行业无法企及的。

从地区划分上来看，该公司的产品以境内为主，境外业务占比只有1.24%。从企业的产品收入构成及毛利率情况来看，用友网络所处的行业是一个极具发展潜力的行业，未来仍有很大的发展空间。

2. 用友网络财务数据分析

用友网络前几年的财务与收益数据情况如表5-6所示。

表 5-6 用友网络财务数据

时间	2018	2017	2016	2015	2014
每股收益（元）	0.32	0.27	0.14	0.23	0.47
净利润增长率	57.33%	97.11%	−39.03%	−41.16%	0.43%
营业总收入（亿元）	77.03	63.44	51.13	44.51	43.74
每股净资产（元）	3.43	3.99	3.88	3.78	3.4
净资产收益率	10.72%	6.71%	3.52%	6.76%	15.74%

从用友网络的财务数据情况来看，可以获得以下几个事实。

第一，从用友网络历年的净利润增长数据可以看出，用友网络的业绩增速并不稳定，2015 年和 2016 年出现了大幅降速走势。其实，这也是目前软件行业的一个真实写照，很多软件公司都难以保证增速连续多年上升。2015 年和 2016 年属于用友网络的转型年，其后，该公司重新将战略方向锁定在软件、云服务与金融等方面。经过这一波调整后，该公司业绩重新进入快车道。

第二，从用友网络的营收来看，该企业的营收增速始终保持着较快的速度，即使 2015 年和 2016 年的转型年，该公司的整体营收仍处于上升态势。但总体来看，规模仍不大，未来仍有很大的成长空间。

第三，从该股的净资产收益率水平来看，2018 年该股的净资产收益率在 10% 左右，这并不能算是软件行业的理想净资产收益率水平。考虑该公司刚刚完成转型，未来这一数字有望获得提升。

3. 用友网络整体分析

从用友网络财务报表可以看到，截至 2018 年年底，该公司的现金余额约为 55 亿元。对于一家营收不到 80 亿元的企业而言，这种现金余量非常不错。截至 2018 年年底，该公司的应收账款达到了 13.90 亿元，而预收账款为 10.8 亿元，说明该公司对下游企业的控制能力相对较强，考虑软件行业的特殊性，这一应收账款和预收账款水平还是不错的。截至 2018 年，该公司的商誉价值为 9.25 亿元，处于风险较高的水平，投资者需注意防范。查看该公司 2018 年的研发费用可知，该公司的年度研发费用为 13 亿元左右，属于研发投入较大的企业，毕竟营收不足 80 亿元。

投资者应该关注一点：用友网络在国内企业级应用软件市场中占有率排第一，同时，用友云在国内公有云 SaaS 市场的占有率也是第一名。

4. 用友网络估值分析

以 2018 年年底每股收益 0.32 元为基准，并以 40% 的净利润增长率计算，2019 年的每股收益为 0.45 元，2020 年仍可能增长 40%，则每股收益为 0.63 元。作为企业应用软件领域的龙头企业，可以按照 40 倍市盈率来为股票估值，其 2019 年的股价预测值为 18 元。若该股净利润增速能够达到 40%，那么，该股 40 倍市盈率所对应的 PEG 值仅为 1，属于比较合理的水平。当然，若考虑行业内普遍会给予软件行业较高的估值，将市盈率放大至 50 倍，则 2019 年该股股价预测值为 22.5 元，PEG 值为 1.25，仍属可接受范围。

用友网络的日 K 线走势情况如图 5-5 所示。

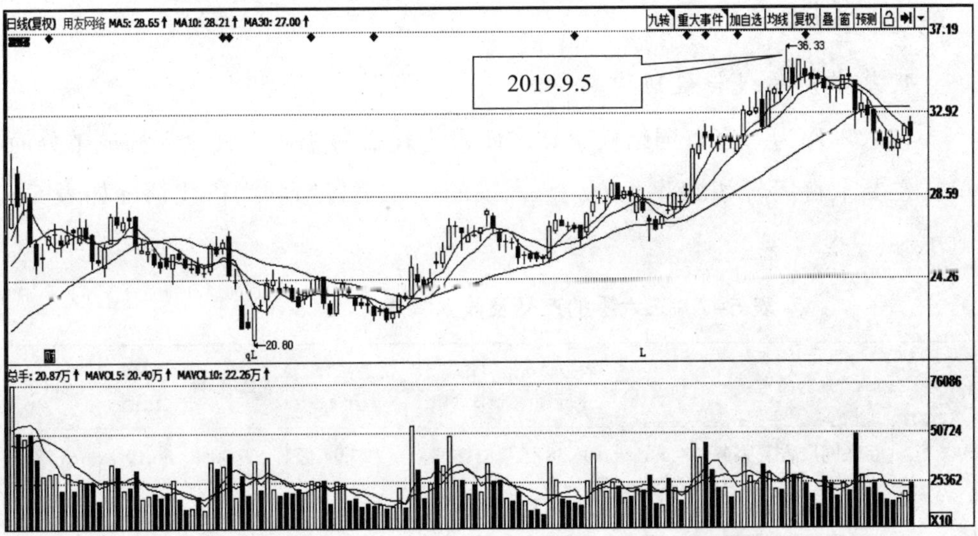

图 5–5　用友网络（600588）日 K 线走势图

2019 年用友网络在大盘企稳反弹和中美贸易摩擦中软件国产化的双重刺激下，出现了震荡走高行情。2019 年 9 月 5 日该股股价创出 36.33 元的阶段新高。通过之前对用友网络股价的估值分析可知，该股的合理价格区间应该在 18～22.5 元之间。也就是说，截至 2019 年 9 月初，用友网络的价格明显高于预估价格，这与当时资金热炒国产软件股有直接的关系。投资者可在股价出现回调时，择机入场。

四、信息安全软件——三六零

我们日常使用的比较知名的网络与信息企业大多没有在A股上市，而三六零是为数不多的回归A股上市的企业。不过，该企业所走的路线并非直接IPO上市，而是通过借壳江南嘉捷完成的。

三六零安全科技股份有限公司是一家主营业务为互联网安全技术研发，互联网安全产品设计、研发、推广，以及基于互联网安全产品的互联网广告及服务、互联网增值服务、智能硬件业务等商业化服务的互联网公司。公司主要产品有360安全卫士、360杀毒、360手机卫士、360清理大师、360安全浏览器、360手机助手、360软件管家、智能摄像头、智能行车记录仪、智能安全手表等。

1. 基本产品线与盈利构成

三六零作为一家以网络安全技术研发为代表的企业，其收入构成十分简单，主要来自广告和游戏业务。三六零的产品销售与利润占比情况如表5-7所示。

表5-7　三六零的产品及收入构成（2018年度）

业务名称		营业收入（元）	收入比例	营业成本（元）	成本比例	利润比例	毛利率
按行业	互联网广告及服务	106.58亿	81.23%	27.94亿	69.90%	86.19%	73.78%
	互联网增值服务-游戏	11.76亿	8.96%	2.89亿	7.24%	9.72%	75.39%
	智能硬件	10.15亿	7.73%	8.34亿	20.87%	1.98%	17.77%
	其他	2.70亿	2.06%	7 946.70万	1.99%	2.09%	70.59%
	互联网增值服务-其他	236.70万	0.02%	3.10万	0.000 8%	0.03%	98.69%
按地区	境内	129.38亿	98.61%	39.85亿	99.69%	98.13%	69.20%
	境外	1.83亿	1.39%	1 251.90万	0.31%	1.87%	93.16%

从表 5-7 中可以看出，三六零的收入大部分与互联网有关，其中又以互联网广告及服务为主，占总营收的 81.23%，该项业务的毛利率也高达 73.78%。该公司的第二项收入为游戏，占总营收的 8.96%，毛利率也高达 75.39%。其实，这也比较符合互联网公司的经营模式，即大部分互联网企业都是通过网络广告和游戏盈利的，而其自身的核心业务往往难以获得太多收益。比如，我们熟知三六零更多的是因为 360 安全卫士和 360 浏览器等，但这些产品本身是免费下载使用的，那么企业要收回成本并获得利润，只能借助在网页或软件中插入广告或游戏来完成。

从该公司产品的硬件营收和毛利率可以发现，智能硬件产品的营收几乎与游戏相当，但利润贡献率仅为 1.98%，毛利率只有 17.77%，这两个数字是无法与互联网广告和游戏相比的。从该公司的产品收入构成可以发现，该公司的利润主要来源于广告，而广告收益还要看 360 安全卫士和 360 浏览器的下载量与使用量。

三六零最核心的业务是网络安全业务，这部分业务也是未来国家信息产业规划的重点方向之一。换句话说，随着未来市场对网络安全重视程度的加深，三六零的业务将会朝着更加纵深的方向发展。但三六零对网络安全技术方面的投入在短期内还不能立即看到回报，这也是三六零盈利能力弱于其他互联网游戏企业的原因。

2. 三六零财务数据分析

三六零前几年的财务与收益数据情况如表 5-8 所示。

表 5-8　三六零财务数据

时间	2018	2017	2016	2015	2014
每股收益（元）	0.53	—	—	—	—
净利润增长率	4.83%	—	—	—	—
营业总收入（亿元）	131.23	—	—	—	—
每股净资产（元）	3.55	—	—	—	—
净资产收益率	17.24%	—	—	—	—

注：三六零于 2018 年年初完成借壳，之前的财务数据对于投资分析意义不大。

从三六零的财务数据情况来看，可以获得以下几个事实。

第一，由于三六零借壳上市时间较短，能获得的完整年报只有2018年的年报。2018年的年报显示，该公司的净利润增长率仅为4.83%，这也印证了网络安全企业提升获利的挑战非常之大。

第二，从三六零的营收来看，该企业的营收规模为131.23亿元，在互联网企业中属于中等规模，未来仍有一定的提升空间。

第三，从该股的净资产收益率水平来看，2018年该股的净资产收益率为17.24%，与其他行业相比属于不错的水平，但互联网行业是一个轻资产行业，这一净收益水平仍有提升的空间。

3. 三六零整体分析

从三六零的财务报表中可以看到，截至2018年年底，该公司的现金余额约为150亿元。对于一家营收不到130亿元的企业而言，这种现金余量非常不错。截至2018年年底，该公司应收账款达到了23.46亿元，而预收账款为5.88亿元，说明该公司对下游企业的控制能力一般，考虑互联网行业的特殊性，这一应收账款和预收账款水平还是不错的。截至2018年，该公司的商誉价值为10.35亿元，处于风险较高的水平，投资者需注意防范。查看该公司2018年的研发费用可知，该公司的年度研发费用为25.46亿元左右，属于研发投入很大的企业。这也印证了该企业正在加大对网络安全领域进行投资的事实，当前大幅的研发投入可以为未来赢得技术领先优势。

投资者应该关注一点：三六零是国内网络安全的龙头股，未来仍将引领网络安全行业的发展。三六零设想中的未来版图涵盖了从核心算法、基础数据，到产品应用、商业转化等互联网企业能够涉及的大量领域。不过，三六零在网络游戏储备以及相关业务拓展方面存在一定的缺陷，未来这部分收入增长可能会乏力。同时，由于网络安全领域盈利困难，企业的收益仍然要靠广告和游戏，因而企业的盈利能力仍旧充满了很多变数。

总之，作为国内网络安全的领军者，三六零还是一只值得投资的股票。

4. 三六零估值分析

以 2018 年年底每股收益 0.53 元为基准，并以 40% 的净利润增长率计算，三六零 2019 年的每股收益为 0.74 元，2020 年仍可能增长 40%，则每股收益为 1.04 元。作为网络安全领域的龙头企业，可以按照 40 倍市盈率来为股票估值，其 2019 年的股价预测值为 29.6 元。若该股净利润增速能够达到 40%，那么，该股 40 倍市盈率所对应的 PEG 值仅为 1，属于比较合理的水平。当然，若考虑企业可能遇到的困难，企业的净利润增长率降至 30% 也正常，可考虑将估值倍数调整至 30 倍，则估值为 22.2 元。

三六零的日 K 线走势情况如图 5-6 所示。

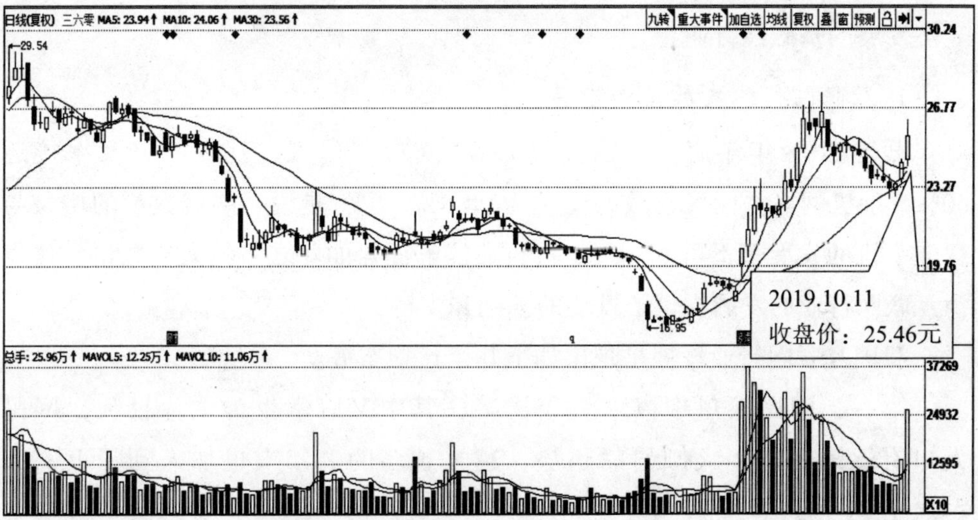

图 5-6　三六零（601360）日 K 线走势图

2019 年三六零在大盘企稳反弹和中美贸易摩擦中软件国产化的双重刺激下，出现了震荡走高行情，2019 年 10 月 11 日该股股价收于 25.46 元。通过之前对三六零股价的估值分析可知，该股的合理价格区间应该在 22.2～29.6 元之间。也就是说，截至 2019 年 10 月初，三六零的价格处于合理估值区间之内。当然，我们对三六零的估值源于对业绩增长率为 30%～40% 的判断，若该公司的业绩增长不能达到 30% 的限额，则估值也要随之下调。

第三节　互联网行业投资逻辑

互联网行业是未来最有发展潜力的行业之一。经过多年的发展，我国互联网行业涌现出了很多颇具代表性的企业，如阿里巴巴、百度、京东、新浪、搜狐、网易、腾讯等，上述企业没有在A股上市。

一、互联网行业竞争分析

互联网行业是一个与其他行业联系非常紧密的行业，已经成为未来国民经济发展的基础性行业。

1. 互联网行业发展基本态势

截至2018年年底，我国网民人数突破8.3亿人，互联网普及率接近60%，手机网民占网民总数的比重为98.6%。也就是说，网民数量的增长与智能手机的发展密不可分。很少有行业能够涵盖如此之多的人口数量，这也为互联网行业的发展提供了重要的基础和支持。

我国互联网行业发展呈现出如下几个典型态势。

第一，网民人口中以中青年居多，其中又以学生为主。目前，网民人口有逐渐向老年人倾斜的趋势，越来越多的老年人也加入到了上网大军之中。

第二，随着经济的发展，我国互联网基础设施建设不断完善，智能终端、物联网、人工智能以及智能穿戴等细分行业都得到了较快的发展。

第三，互联网行业从单一行业逐渐走向了与其他产业的融合，而且这种融合趋势还在进一步加强。比如社交与电子商务的融合更为紧密。

第四，短视频行业兴起，直播平台进入精细化阶段。

第五，互联网行业中各个细分领域的企业获利能力存在较大差异。大部分互联网企业的盈利模式仍停留在广告、游戏以及增值业务方面，使得企业盈利困难。还有一些企业则试图通过以效益换市场的模式快速打开市场，因此不得不承受进入市场初期大量亏损的压力，像腾讯、百度与阿里巴巴等盈利能力强的企业少之又少。

2. 互联网行业涵盖的类别

互联网行业涵盖的范围非常广，大致可以分为如图 5-7 所示的几个细分类别。

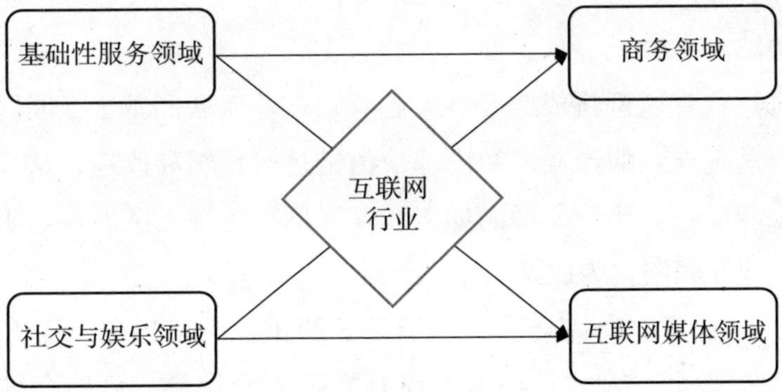

图 5–7　互联网行业的 4 个细分领域

（1）基础性服务领域。

基础性服务领域内的互联网企业主要是向客户提供一些日常所需的应用服务，如门户网站、电子邮箱、搜索服务等，比较典型的企业包括新浪、网易、搜狐、百度、58 同城等。

（2）商务领域。

商务领域的互联网企业主要借助网络平台从事商务或销售活动。如阿里巴巴、当当网、京东商城、携程网、美团。该领域还包括从事电子支付的支付宝等。

（3）社交与娱乐领域。

社交与娱乐领域目前是互联网行业中盈利能力较强的一个细分领域，该领域主要通过提供社交平台、视频、游戏满足客户的某一类需求。比如腾讯的 QQ 和网游、抖音、火山视频、优酷网、阿里旺旺等。

（4）互联网媒体领域。

互联网媒体领域是以互联网为载体进行新闻、广告等信息传播的领域。比较典型的如人民网、网络电视、微博。

3. 互联网行业发展趋势

目前，互联网行业的发展日益显现出以下几个显著趋势。

第一，互联网行业加速与新技术融合，比如物联网、可穿戴装备、人工智能、3D 成像等领域都是比较典型的代表。当然，未来也有可能会诞生新的行业或领域。

第二，产业互联网将成为一种大趋势。产业互联网基于互联网技术和生态，对各个垂直产业的产业链和内部价值链进行重塑和改造，从而形成新的互联网生态和形态。比较典型的如工业互联网、能源互联网等。工业富联就是典型的工业互联网代表股票。

第三，行业集中度将会进一步提升。腾讯、阿里巴巴、京东、百度等互联网巨头在资金、人才、技术方面具有强大的优势，可能会推动整个互联网行业的整合，从而使得互联网行业的集中度增加。目前，很多新兴的互联网企业背后都能看到这些互联网巨头的身影，如共享单车领域、短视频领域。

二、互联网企业投资逻辑

互联网行业企业的投资逻辑与其他行业存在明显不同，投资者无法按照常规的净利润增长情况预估企业的市值，因为大部分互联网企业在成长期都是亏损的。有太多的互联网企业是以利润换市场的方式做大的，因此其中也会有一大部分企业在没有做强时被淘汰出局。总之，这是一个充满了机会与风险的行业。目前市场普遍看好的阿里巴巴、百度、腾讯、京东等优质标的，没有在 A 股上市，普通投资者没有机会买入这些股票，因而只能退而求其次，从其他领域筛选优质标的。

第一，受 A 股上市融资的规则限制，很多尚处成长期的互联网企业无法在 A 股上市融资，因而，投资者可以从目前已上市的互联网企业中选择竞争能力较强的标的。

第二，随着科创板的开通，也不排除会有一些处于成长期的互联网企业登陆 A 股市场，届时，投资者可仔细分析标的企业的成长能力，比如市场占有率、营收额等指标，若净利润指标也非常漂亮，那就再好不过了。

第三，关注互联网与产业资本的融合。工业互联网已经成为时下资金炒作的热门，但距离产生实质性的盈利还需要一些时间，因而，投资者需要关注那些真正能够通过互联网与相关产业融合推动效益提升的企业。

第四，关注互联网与新技术融合的方向。比如前面反复提及的物联网、人工智能以及可穿戴设备等领域。大部分从属于该领域的企业还没有上市融资，留给投资者的机会还是很多的。目前，股市中大部分具备相关概念的企业，并没有以这些业务为主或凭借这些业务获得盈利，因而投资者还是把眼光放到未来。

三、互联网门户网站——三七互娱

近年来，随着上市融资限制条件开始倾向于创业阶段的公司，一些互联网企业，特别是网络游戏企业开始登陆股市，三七互娱就是其中一个。不过，三七互娱的上市方式与三六零类似，也是通过借壳完成的，其借壳的标的为顺荣股份。

芜湖三七互娱网络科技集团股份有限公司的主营业务包括手机游戏和网页游戏的研发、发行和运营。该公司手机游戏和网页游戏的运营模式主要包括自主运营和第三方联合运营两种。

1. 基本产品线与盈利构成

三七互娱作为一家以网络游戏为代表的企业，其收入构成主要分为两类，其一为网络游戏业务，其二为汽车零部件业务（2018 年 9 月底，三七互娱已将该业务出售）。三七互娱的产品销售与利润占比情况如表 5-9 所示。

表 5-9　三七互娱的产品及收入构成（2018 年度）

业务名称		营业收入（元）	收入比例	营业成本（元）	成本比例	利润比例	毛利率
按行业	网络游戏行业	72.47 亿	94.95%	15.26 亿	84.24%	98.29%	78.95%
	汽车零部件行业	3.85 亿	5.05%	2.85 亿	15.76%	1.71%	25.89%
按产品	手机游戏	55.82 亿	73.13%	10.63 亿	58.70%	77.88%	80.95%
	网页游戏	16.46 亿	21.56%	4.63 亿	25.54%	20.40%	71.90%
	汽车零部件	3.85 亿	5.05%	2.85 亿	15.76%	1.72%	25.89%
	其他	1 973.93 万	0.26%	—	—	—	—
按地区	国内	67.06 亿	87.86%	15.66 亿	86.43%	88.30%	76.65%
	国外	9.27 亿	12.14%	2.46 亿	13.57%	11.70%	73.48%

从表 5-9 中可以看出，截至 2018 年年底，三七互娱的收入大部分与互联网有关，其中又以手机游戏为主，占总营收的 73.13%，该项业务的毛利率也高达 80.95%。该公司的第二项收入为网页游戏，占总营收的 21.56%，毛利率也高达 71.90%。其实，这比较符合网络游戏公司的经营模式。目前，大部分网络游戏公司越来越依靠手机游戏赚钱，毕竟手机上网群体占整个网民群体的 98% 以上。

通常情况下，当一家公司将非主营业务中的一部分出售后，营收都会有一个波动。该公司出售的汽车零部件业务有将近 4 亿元的营收，但从 2019 年半年报的数据来看，三七互娱并未受到太大的影响。2019 年中报显示，该公司半年网络游戏的营收总额突破了 60 亿元，相比上一年度有了大幅提升。

通过出售非主营业务，使得三七互娱可以集中精力专注于主营的网游业务。未来，该企业致力于从内容延伸至用户指向。该公司还参与投资多个动漫、网游等创业公司，且获得了不菲的投资收益。

2. 三七互娱财务数据分析

三七互娱前几年的财务与收益数据情况如表 5-10 所示。

表 5-10　三七互娱财务数据

时间	2018	2017	2016	2015	2014
每股收益（元）	0.47	0.76	0.51	0.58	—
净利润增长率	-37.77%	51.43%	111.49%	—	—
营业总收入（亿元）	76.33	61.89	52.48	46.57	—
每股净资产（元）	2.81	3.27	2.17	3.42	—
净资产收益率	16.59%	28.12%	26.56%	17.58%	—

注：三七互娱 2015 年完成借壳，之前的财务数据对于投资分析意义不大。同时，2015 年年报有大比例转股情况。

由于三七互娱借壳上市时间为 2015 年，因而这里的财务数据是从 2015 年开始统计分析的。从三七互娱的财务数据情况来看，可以获得以下几个事实。

第一，三七互娱的净利润虽然偶有下滑，但整体上仍然表现出了较强的上升动力。特别是 2018 年将汽车零部件业务剥离后，企业的发展更为顺畅。

第二，从三七互娱的营收来看，该企业的营收一直保持了强劲的增长态势。截至 2018 年年底，该企业的营收规模为 76.33 亿元，未来仍有很大的提升空间。

第三，从该股的净资产收益率水平来看，该企业的净资产收益率一直保持在 15% 以上，属于优质的投资标的。

3. 三七互娱整体分析

从三七互娱的财务报表中可以看到，截至 2018 年年底，该公司的现金余额约为 15 亿元。对于一家营收不到 80 亿元的企业而言，这种现金余量还是可以的。截至 2018 年年底，该公司应收账款接近 13 亿元，而预收账款不足 1 亿元，说明该公司对下游企业的控制能力较弱，存在一定的财务风险。截至 2018 年，该公司的商誉价值为 15.79 亿元，这与该公司陆续收购一些网络游戏企业股权有关，但也使得企业存在一定的财务暴雷风险。2018 年度，该公司的销售费用高达 33.47 亿元，而研发费用仅为 5.38 亿元，说明该公司的销售费用与研发费用存在一定倒挂，该公司的销售费用过高，若研发的产品不足以支持营收的扩大，则企业很可能会陷入困境。

三七互娱作为网络游戏领域内的领军者之一，肯定是一只值得投资的标的，但其隐患也很多。

4. 三七互娱估值分析

以 2018 年年底每股收益 0.47 元为基准，并以 100% 的净利润增长率计算，2019 年的每股收益为 0.94 元，2020 年仍可能增长 30%，则每股收益为 1.22 元。作为网络游戏领域的代表性企业，可以按照 30 倍市盈率来为股票估值，其 2019 年的股价预测值为 28.2 元。若该股净利润增速能够达到 30%（2019 年的增速可能难以持续，从长期来看，维持 30% 的增速还是有可能的），那么，该股 30 倍市盈率所对应的 PEG 值仅为 1，属于比较合理的水平。

三七互娱的日 K 线走势情况如图 5-8 所示。

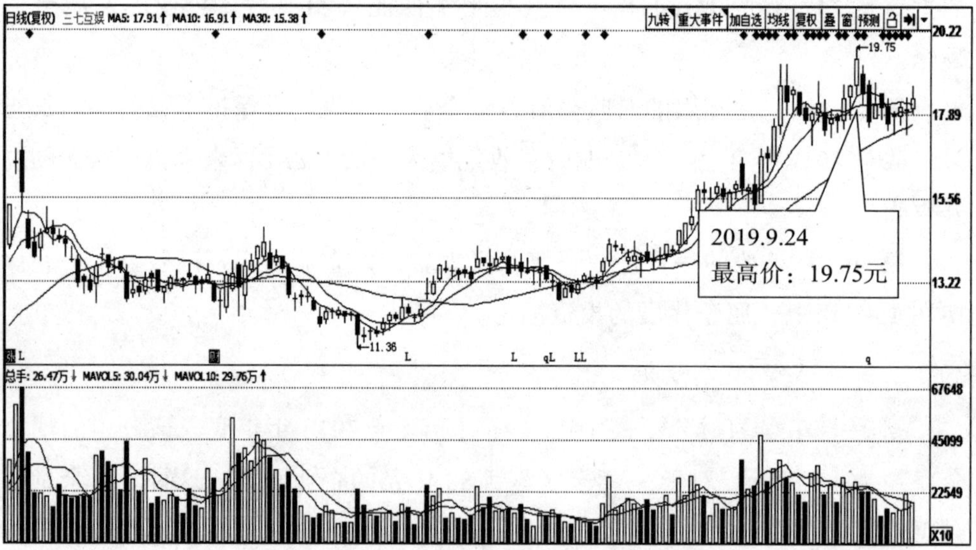

图 5-8　三七互娱（002555）日 K 线走势图

2019 年三七互娱在大盘企稳反弹和中美贸易摩擦中软件国产化的双重刺激下，出现了震荡走高行情。2019 年 9 月 24 日，该股股价创出 19.75 元的阶段新高。通过之前对三七互娱股价的估值分析可知，该股的合理价格应该在 28.2 元左右。也就是说，截至 2019 年 10 月初，三七互娱的价格要低于预估价格，投资者可在股价出现回调时择机建仓。

第四节　通信行业投资逻辑

通信服务是一个与投资者联系高度紧密的行业，同时也是一个涵盖多个细分领域的产业链，这与我们所了解的稍有不同。日常所见的通信行业，更多地属于通信服务运营商或通信终端企业（包括手机、电脑等），但这个行业远比我们所了解的更为复杂。

一、通信行业竞争分析

随着 5G 时代的到来，通信行业又一次站在了升级换代的关键点。正因如此，通信行业受到了更多的关注和重视。

1. 通信行业的整体情况

通信行业涉及的产业链非常长，从核心部件芯片到通信设备生产，从通信光缆到通信软件，以及通信服务和终端等。该产业链包括但不限于以下几个细分领域。

（1）通信网络芯片。这是通信行业最核心的部件。目前，有线网络芯片主要由外资芯片巨头提供，如博通、德州仪器、意法半导体等；无线网络芯片由高通、三星、联发科以及华为海思等企业提供。

（2）数据通信设备。该领域属于通信的核心范畴，其设备由思科、华为、中兴、大唐电信、烽火通信、星网锐捷等提供。

（3）传输及接入网设备。该领域会涉及一些通信主设备和通信软件产品，参与该领域的企业包括华为、中兴、爱立信、诺基亚等。

（4）通信支持系统及相关软件。该领域参与企业多为软件开发企业，包括天源迪科、亿阳信通、浪潮集团、思特奇、华为、东软软件以及中兴软件等。

（5）通信工程建设、维护与优化。该领域的参与企业包括海格通信、宜通世纪、华星创业、齐星铁塔等。

（6）通信运营商。该领域的参与企业都是大家所熟知的，包括中国移动、中国联通、中国电信和中国广电等。

（7）光缆。该领域的参与企业包括长飞光纤、亨通光电、中天科技、烽火通信等。

除了以上领域，通信产业链还包括各类增值业务提供商。

2. 通信行业竞争态势

通信行业每隔若干年就会有一次规模较大的升级换代情况，对于相关的设备和软件供应商来说，是一次较好的利润快速上升期。当然，并不是所有企业都能均等地分享这种利润。该行业在竞争过程中表现出如下几种竞争态势。

第一，在核心技术领域，仍是外资巨头占主导地位，但个别领域国内厂商已经能够抢夺部分市场份额。比如在芯片领域，华为海思已经占据了一定的市场份额，而不再完全是高通、博通的天下。

第二，技术水平决定盈利水平。在整个通信产业链中，除了运营商外，普遍存在一个原则，即生产产品的技术含量越高，盈利能力就越强。反之，在该产业链中，一些承担低技术含量设备生产企业的利润并不高，很多企业都处于亏损的边缘。

第三，主设备商所占的市场份额集中趋势明显，华为、中兴等企业的市场份额增速较高，而传统的通信巨头如爱立信、诺基亚则呈弱势。在5G时代，华为显示出了更强的竞争力，中兴因其盈利水平相对较低，更容易获得运营商的欢迎。

第四，随着5G时代的到来，为华为、中兴等企业提供相应零部件或产品支持的企业将会获得相对较高的收益。

3. 通信行业的发展趋势

通信行业日益显现出以下几个典型的趋势。

第一，随着互联网行业向移动互联时代迈进，数据流量成为通信传播的主要对象，因而相关设备也必然会随之调整。

第二，随着5G时代的到来，万物互联已经成为一种不可逆转的趋势，而通信基础设施的投资成本和门槛又非常高，这就使得通信运营商还将保持目前的格局不变。同时，由于整个通信行业参与者众多，通信运营商很少，使得运营商具有很大的话语权。中国移动、中国联通和中国电信是直接受益者。

第三，国内企业可能会在通信行业的核心技术领域有所突破，并进一步走出国门，走向世界。

二、通信企业投资逻辑

从通信行业选择投资标的时，需要优先考虑以下几个因素。

第一，从资源的稀缺性来看，几大主要的通信运营商仍是最佳的投资标的。尽管电信行业逐渐放开，民营资本和外资逐渐可参与其中，但由于通信基础设施建设投资巨大，而且回收周期特别长，承受的风险特别大，因而很少会有成功的案例。同时，由于5G网络和物联网的发展，家庭电器以及其他电器产品都可能被接入网络，支持网络的电信运营商无疑将成为大赢家。

第二，关注5G时代的技术领军企业。通信行业正式进入5G时代后，企业之间的技术差距就显现出来了，华为、中兴等国内通信巨头可以参与到国际竞争中。由此可见，国内企业的技术水平日益与国际水平接近，而且个别领域已经超过了欧美国家的技术标准，这类企业很可能会分享5G时代通信行业最大的“蛋糕”。同时，大家也应该用发展的眼光来看待通信行业，目前是5G时代，过些年肯定会进入6G时代，因而技术储备、专利数量等都是企业未来竞争的核心力量。

第三，关注拥有核心技术的企业或电信运营商的上游供应商。由于华为是非上市公司，中国移动和中国电信没有在A股上市，因而投资者可退而求其次，在A股市场选择华为等公司的主要供应商。当然并不是简单搜索华为概念股，而是实实在在为华为供货的企业，而且供货量不应该太小。比如前面提到过的光弘科技、立讯精密、诚迈科技等。

三、通信运营商——中国联通

中国联通，即中国联合网络通信股份有限公司，算上中国广电的话，属于四大运营商之一。中国联通在 A 股和 H 股已同步上市。

中国联通主营业务是在中国境内提供语音通话、增值服务、宽带及移动数据服务、数据及其他互联网应用、电路及网元使用等。该企业为目前持有 5G 牌照的四家运营商之一。

1. 基本产品线与盈利构成

中国联通作为一家以通信服务为代表的企业，其收入构成十分简单，主要来自电信业。中国联通的产品销售与利润占比情况如表 5-11 所示。

表 5-11　中国联通的产品及收入构成（2018 年度）

业务名称		营业收入（元）	收入比例	营业成本（元）	成本比例	利润比例	毛利率
按行业	电信业	2 908.77 亿	100.00%	2 149.75 亿	100.00%	100.00%	29.06%
按产品	宽带及移动数据服务	1 484.31 亿	56.29%	—	—	—	—
	语音通话及月租费	324.86 亿	12.32%	—	—	—	—
	数据及其他互联网应用收入	264.89 亿	10.05%	—	—	—	—
	增值服务	246.06 亿	9.33%	—	—	—	—
	电路及网元服务	141.78 亿	5.38%	—	—	—	—
	网间结算收入	137.08 亿	5.20%	—	—	—	—
	其他	37.84 亿	1.43%	—	—	—	—
按地区	全国范围内	2 908.77 亿	100.00%	2 149.75 亿	100.00%	100.00%	26.09%

从表 5-11 中可以看出，中国联通的收入全部来自与通信有关的业务，其中又以宽带及移动数据为主，占总营收的 56.29%，而传统的语音通话业务只占总营收的 12.32%。其实，这也反映出通信业的一次变革，即随着手

机上网用户的增加和小视频受到消费者的青睐，数据流量成为电信企业的主要收入来源。未来，这种趋势有望进一步加强。

从该公司的毛利率来看，整个电信业务的毛利率仅为26.09%，与我们的想象存在一定的落差。作为电信运营商，毛利率水平过低，未来随着“提速降费”的推进，企业的毛利率可能会进一步走低。

当然，5G时代的到来，可能会为企业提供新的利润增长点。毕竟中国联通作为5G牌照的拥有者之一，肯定会享受到5G发展的红利。

2. 中国联通财务数据分析

中国联通前几年的财务与收益数据情况如表5-12所示。

表5-12　中国联通财务数据

时间	2018	2017	2016	2015	2014
每股收益（元）	0.13	0.02	0.007	0.16	0.19
净利润增长率	858.28%	176.39%	–95.56%	–12.81%	15.65%
营业总收入（亿元）	2 908.77	2 748.29	2 741.97	2 770.49	2 885.71
每股净资产（元）	4.52	5.96	3.66	3.71	3.65
净资产收益率	2.86%	0.49%	0.2%	4.41%	5.2%

从中国联通的财务数据情况来看，可以获得如下几个事实。

第一，从中国联通历年的净利润增长数据可以看出，中国联通的业绩增速并不稳定，在2015年和2016年出现了大幅下降走势。这与当年电信行业推行的提速降费、铁塔建设以及租赁费用增加有关。最近两年，中国联通净利润增速恢复比较明显，但仍存在净利润较低的情况。

第二，从中国联通的营收来看，该企业的营收整体上增速并不明显，最近几年都没有明显的增加，这也说明中国联通在与中国移动、中国电信等企业的竞争中并不处于优势地位。

第三，从该股的净资产收益率水平来看，该企业最近几年的净资产收益率都低于5%，也就是说，该公司的资产收益率还没有银行贷款利息高，这并不是一个理想的投资收益率。

3. 中国联通整体分析

从中国联通的财务报表可以看到，截至2018年年底，该公司的现金余额约为338亿元。对于一家营收接近3 000亿元的企业而言，这种现金余量只能算一般。截至2018年年底，该公司的应收账款达到了178.43亿元，而预收账款为3.28亿元。如果单从数额上来看，肯定会认为中国联通对下游客户的控制较弱，但考虑到电信业付费形式的多样性，这也是可以接受的。查看该公司2018年的研发费用可知，该公司的年度研发费用为9亿元左右，属于研发投入一般的企业，毕竟该公司属于电信运营商。

总体上来看，中国联通的资产质量一般。从之前的盈利情况来看，中国联通的盈利能力相对偏弱，最近几年通过进行混合所有制改革，企业运营效率有所提升。未来进入5G时代，中国联通的估值有望进一步提升。

4. 中国联通估值分析

以2018年年底每股收益0.13元为基准，并以30%的净利润增长率计算，2019年的每股收益为0.17元，2020年仍可能增长30%，则每股收益为0.22元。按照30倍市盈率来为股票估值，其2019年的股价预测值为5.1元。若该股的净利润增速能够达到30%，那么，该股30倍市盈率所对应的PEG值仅为1，属于比较合理的水平。当然，若考虑未来进入5G时代以及混合所有制改革可能会提升净利润增速，可将市盈率放大至40倍，则2019年该股股价预测值为6.8元，PEG值为1.33，仍属可接受范围。

中国联通的日K线走势情况如图5-9所示。

2019年中国联通随着大盘的震荡出现了震荡行情。2019年10月17日该股股价报收于6.19元。通过之前对中国联通股价的估值分析可知，该股的合理价格区间应该在5.1～6.8元之间。也就是说，截至2019年10月中旬，中国联通的价格处于合理估值区间。偏好中国联通的投资者，可在股价回调时分批建仓。

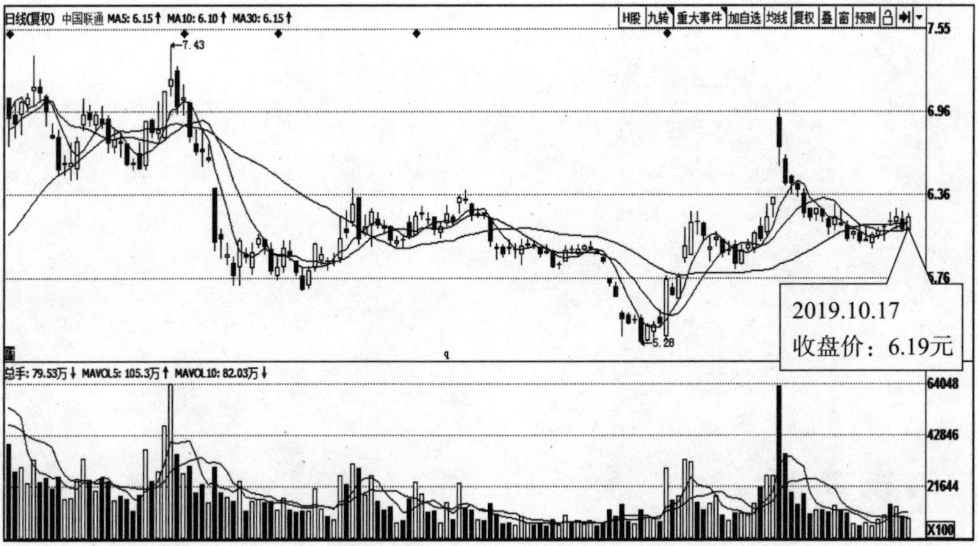

图 5-9　中国联通（600050）日 K 线走势图

第六章

新兴行业投资研究

随着科技的不断进步与发展，行业之间的界限逐渐模糊，越来越多融合了多行业特征的新兴行业不断诞生。本章将向读者重点讲解时下热门的新兴行业，以供参考。

第一节　云计算行业投资逻辑

云计算，专业的解释：它是分布式计算的一种，指的是通过网络“云”将巨大的数据计算处理程序分解成无数个小程序，然后通过多部服务器组成的系统处理和分析这些小程序，得到结果并返回给用户。

用通俗的话解释“云计算”的话，就是在云计算推广前，如果一个人需要处理一些数据，那么就要购置计算机和相应的软件，处理完这些数据后，这些设备和软件的作用就不大了。现在有了云计算，这个人需要处理数据时，只需要花很少的钱向云计算服务商购买相应服务，然后借助这些服务商的设备和软件即可完成数据处理任务。作为需要处理数据的人，花费降低了很多，作为云计算服务商，需要购置基础设备，因为需要向很多人提供类似的服务。也就是说，进入“云计算”时代后，将会催生一大批云计算产业链上的相关企业，如服务商、设备商、软件商。

前面介绍的云计算是为了便于读者理解而简化的定义，实质上云计算要复杂得多。日常生活中使用的腾讯图片空间或者百度搜索，其实都是一种云计算模式。

一、云计算行业竞争分析

相关统计数据显示，截至 2018 年年底，我国云计算产业规模约为 962.8 亿元，到 2030 年，预计超过 3 000 亿元。我国企业上云率大约是 40%，美国企业的上云率达到了 85%，欧盟企业的上云率也达到了 70%。也就是说，在云计算领域，未来几年将迎来一个跨越式发展的浪潮。

1. 云计算产业链及整体态势

从整体来看，云计算产业链的参与者主要包括硬件设备供应商、软件开发商、云系统集成商以及云服务运营商 4 类，如图 6-1 所示。

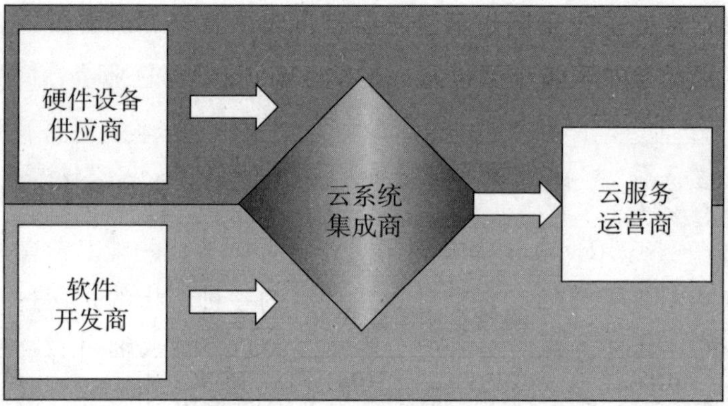

图 6–1　云计算产业链

（1）硬件设备供应商。

该领域的企业是云计算系统所需各类设备的生产商，包括服务器、存储器设备、网络设备、机房设备以及附属的元器件产品等，其中，芯片、CPU 又是拥有核心技术的元器件。该领域的供应商包括联想、浪潮信息、中科曙光、华东电脑、华为、中兴等。

（2）软件开发商。

该领域的企业主要分为两类：其一是提供通用性应用软件的开发商，如微软、用友、金蝶等；其二是行业应用软件开发商，如太极股份、东软集团、思创医惠、东华软件等。

（3）云系统集成商。

该领域的企业负责为云服务运营商搭建完整的云服务平台，负责将云计算硬件和相关软件进行连接，提供云计算平台建设的解决方案。该领域的企业包括中科曙光、华胜天成、浪潮信息、神州信息、中国软件、东软集团、华为等。

（4）云服务运营商。

该领域的企业依托 IDC（互联网数据中心）云平台，通过与云系统集成商合作，开发能够满足用户需要的平台，并提供平台的维护和运营等工作。该领域的企业包括阿里、腾讯、金山、用友、金蝶、鹏博士、网宿科技、世纪互联等。当然，该领域的企业也包括几家电信运营商。

2. 云计算行业整体竞争态势

云计算行业近年来出现了爆发性的增长，呈现出如下几个显著竞争态势。

第一，众多企业入局云计算产业，但各家企业的实力仍十分有限，并未出现强有力的服务于其他企业的公司。尽管这是一个典型的机会遍地的行业，但随着人型企业的入局，中小型服务企业的生存将变得艰难。

第二，在云服务市场，全球整体竞争格局趋向于集中，亚马逊、微软、谷歌以及阿里云成为四大巨头。阿里云在国内 IaaS（基础设施即服务）领域有 40% 的市场占有率，中国电信、腾讯紧随其后。在云计算领域，往往越贴近用户的企业盈利能力越强，反之，提供基础设备的企业由于竞争过于激烈，盈利能力相对有限。

第三，随着国内云计算产业的快速发展，越来越多的厂商向海外拓展市场，积极推进国际化战略。

3. 云计算产业的发展趋势

云计算属于典型的新兴产业，未来的发展空间十分广阔。目前，逐渐开始显露的趋势包括如下几项。

第一，提升云计算核心技术自主水平成为当务之急。芯片作为云计算硬件设备的核心元器件之一，自给率水平仍很低，且与国际先进水平存在一定的差距。未来，该领域仍有很大的发展空间。

第二，企业上云比例大幅提升，该领域将会创造出更多的优秀企业。同时，更多的云计算优秀企业很可能会走向世界。

第三，云计算将会应用于更多传统产业。传统产业与云计算结合，将会促进传统产业的升级换代。

第四，随着企业上云比例的提升，云安全问题也将受到前所未有的重视。数据一旦丢失，将会给企业造成非常严重的损失，因此，提升云计算的安全产业，乃至云保险产业都可能得到较大程度的发展。

二、云计算企业投资逻辑

不可否认，在云计算领域，阿里巴巴、腾讯已经凭借其巨量的客户资源取得了较大的竞争优势，未来，这两家企业很可能会继续保持这种优势。不过，由于这两家公司并未在A股上市，投资者很难投资这两家公司，因此需要从以下维度筛选A股市场内的优质投资标的。

第一，考虑与客户距离近的投资标的。在云计算产业链中，平台服务运营商是与客户距离最近的企业，投资者应该优先从这类企业中选择优质的投资标的。当然，由于阿里云占据了较大的市场份额，腾讯和中国电信又分走相对较高的份额，这就是使得该领域内的其他企业成长空间十分有限。不过，由于国内的云计算产业刚刚兴起，未来还有很大的潜力，特别是一些细分行业领域，也可能孕育出较强的平台运营商。

第二，考虑轻资产的企业。云计算产业中，软件与系统集成产业同样拥有广阔的发展空间，但由于大部分通用型应用软件都被外资企业掌控，因而，国内的软件企业普遍存在盈利能力较弱，且具有高波动性的特点。例如，东软集团、浪潮软件以及太极股份等。

第三，在云计算设备领域，需要搜寻具有技术优势的企业，特别是那些能够在核心元器件领域取得突破的企业。比较具有技术优势的企业包括中科曙光、浪潮信息等。

三、云计算龙头企业——浪潮信息

浪潮信息属于非常具有代表性的云计算龙头股。浪潮信息为全球前五的服务器供应商，国内服务器市场销售额第一。浪潮电子信息产业股份有限公司是一家集计算机及软件、电子产品及其他通信设备，电子工业用控制设备的开发、生产和销售于一体的企业。公司主要产品为服务器和IT终端及散件。

1. 基本产品线与盈利构成

浪潮信息作为一家云计算领域的代表企业，其收入构成十分简单，主要来自电子行业。浪潮信息的产品销售与利润占比情况如表6-1所示。

表6-1　浪潮信息的产品及收入构成（2018年度）

业务名称		营业收入（元）	收入比例	营业成本（元）	成本比例	利润比例	毛利率
按行业	电子行业	468.36亿	100.00%	417.04亿	100.00%	100.00%	10.96%
按产品	服务器及部件	466.95亿	99.70%	415.92亿	99.73%	99.43%	10.93%
	IT终端及散件	1.41亿	0.30%	1.12亿	0.27%	0.57%	20.63%
按地区	国内	395.71亿	84.49%	352.84亿	84.61%	83.54%	10.83%
	国外	72.65亿	15.51%	64.20亿	15.39%	16.46%	11.63%

从表6-1中可以看出，浪潮信息的收入全部来自与电子行业相关的业务，其中又以服务器及部件为主，占总营收的99.7%；IT终端及散件只占总营收的0.3%，几乎可以忽略不计。也就是说，浪潮信息归根结底还是一家以服务器为主业的企业。

从该公司的毛利率来看，服务器及部件的毛利率仅为10.93%，而IT终端及散件的毛利率则为20.63%。说明该公司产品涉及的领域存在激烈竞争，企业经营稍有疏忽，就可能出现亏损。

从该公司销售地区来看，国外市场占比达到15.51%，说明该公司已经率先在云计算产业中实现了“走出去”的目标。不过，走出去也会面临一些国内市场不会出现的风险，例如2016年的利润下滑就是一个明证。

当然，云计算时代的到来，可能会为企业提供一个新的利润增长点。毕竟浪潮信息作为云计算产业链中服务器的主力供应商，在市场上占据较高的份额。

2. 浪潮信息财务数据分析

浪潮信息前几年的财务与收益数据情况如表 6-2 所示。

表 6-2　浪潮信息财务数据

时间	2018	2017	2016	2015	2014
每股收益（元）	0.51	0.39	0.29	0.47	0.72
净利润增长率	54.05%	48.95%	–36.1%	32.59%	134.27%
营业总收入（亿元）	469.41	254.88	126.68	101.23	73.07
每股净资产（元）	6.19	5.65	3.95	2.95	4.87
净资产收益率	8.65%	8.35%	7.57%	17.43%	17.42%

注：该股 2014 年年报有大比例送股、配股情况。

从浪潮信息的财务数据情况来看，可以获得以下几个事实。

第一，从浪潮信息历年的净利润增长数据可以看出，除了 2016 年，浪潮信息的业绩增速保持得相当不错，一直处于高速增长态势之中。2016 年的利润下跌主要是由于该公司销售给委内瑞拉一批产品，因国际局势原因，企业计提了坏账准备，造成了净利润下滑。

第二，从浪潮信息的营收来看，该企业的营收一直处于高速增长态势，特别是最近几年增速尤其显著，这与国内云计算领域的发展态势相吻合。未来，随着云计算产业的发展，该公司的营收有望继续保持快速增长。

第三，从该股的净资产收益率水平来看，该企业最近几年的净资产收益率都低于 9%，也就是说，该公司的资产收益率水平并不高。这与该公司产品的毛利率低有直接的关系，因为该公司处于云计算领域中的设备供应商领域，距离终端客户较远，且处于竞争激烈的市场，企业净资产收益率短期改善的幅度不会太大。

3. 浪潮信息整体分析

从浪潮信息的财务报表中可以看到，截至 2018 年年底，该公司的现金余额约为 55 亿元。对于一家营收接近 500 亿元的企业而言，这种现金余量只能算一般。截至2018年年底，该公司的应收账款接近50亿元，而预收账款不足6亿元。两相对比来看，该公司对下游客户的控制能力明显不足，财务存在一定的风险。不过，考虑该公司的主要业务为服务器产品，而这类产品又与工程项目相似，在工程最终完工前，很难获得足额款项，且往往具有延期付款的情况。综合考虑，该公司的财务状况尚可。

截至2018年年底，该公司的商誉价值很低，几乎没有风险，而存货高达87亿元，存在一定的风险。2018年度，该公司的研发费用为17.47亿元，营销费用为12.29亿元，两相对比，研发费用水平尚可。

总体来看，浪潮信息的资产质量一般。从之前的盈利情况来看，浪潮信息的盈利能力尽管在同行业中尚可，但整体仍相对偏弱。考虑该公司所处行业的竞争激烈程度，该公司获得如此收益已属不易。同时，考虑该公司在服务器领域国内市场占有率第一，可以认定为属于尚可的投资标的。

4. 浪潮信息估值分析

以2018年年底每股收益0.51元为基准，并以40%的净利润增长率计算，2019年的每股收益为0.71元，2020年仍可能会增长30%，则每股收益为0.92元。按照40倍市盈率来为股票估值，其2019年的股价预测值为28.4元。若该股的净利润增速能够达到40%，那么，该股40倍市盈率对应的PEG值仅为1，属于比较合理的水平。当然，考虑该公司的净资产收益水平偏低，可将市盈率下调至30倍，则股价预测值为21.3元。

浪潮信息的日K线走势情况如图6-2所示。

2019年，浪潮信息随大盘的震荡出现了震荡行情。2019年10月18日，该股股价收于24.76元。通过之前对浪潮信息股价的估值分析可知，该股的合理价格区间应该在21.3～28.4元之间。也就是说，截至2019年10月中旬，浪潮信息的价格处于估值区间内的中位线附近。喜欢长线投资的交易者，可考虑在股价回调时分批买入该股。

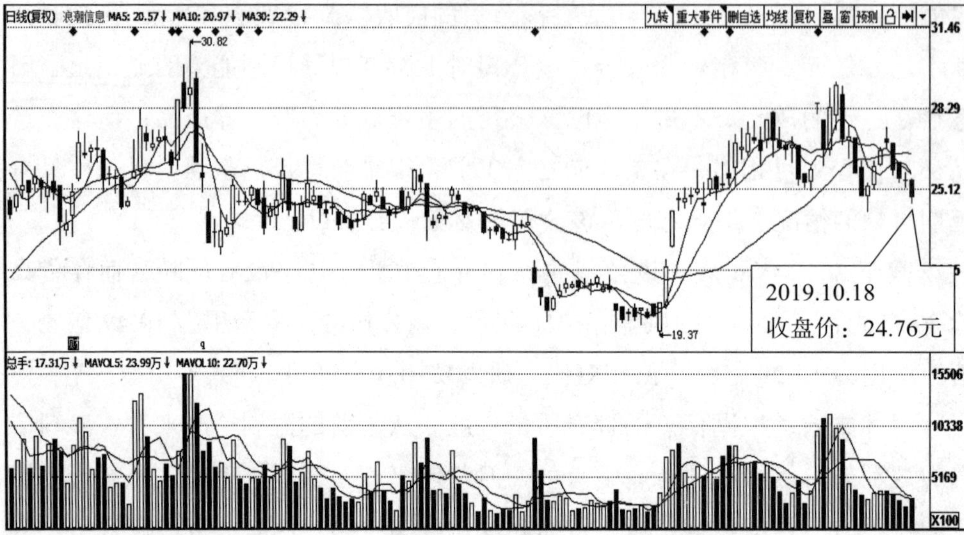

图 6-2 浪潮信息（000977）日 K 线走势图

四、云计算龙头企业——光环新网

光环新网是一家深耕于北京市场的互联网中心业务和云计算业务的企业。北京光环新网科技股份有限公司主营业务是互联网数据中心服务（IDC 及其增值服务、IDC 运营管理服务）、互联网宽带接入服务（ISP）以及云计算等互联网综合服务。同时，光环新网是亚马逊在中国市场的战略合作伙伴，在运营基于 AWS 技术的云服务。

1. 基本产品线与盈利构成

光环新网作为一家以 IDC 业务和云计算业务为代表的企业，其收入主要来自云计算、IDC 以及相关服务。光环新网的产品销售与利润占比情况如表 6-3 所示。

从表 6-3 中可以看出，光环新网的收入全部来自电信服务相关业务，其中又以云计算及相关为主，占总营收的 72.65%。不过，由于该项业务的毛利率水平只有 10.8%，最终只占全部利润的 39.21%。IDC 及其增值服务虽只占总营收的 21.46%，但因毛利率高达 56.7%，使得利润比例高达 60.79%。也就是说，IDC 以及增值服务在光环新网整个业务体系中占据非常重要的地位。

表 6-3 光环新网的产品及收入构成（2018 年度）

业务名称		营业收入（元）	收入比例	营业成本（元）	成本比例	利润比例	毛利率
按行业	电信服务业	59.26 亿	98.39%	46.69 亿	100.00%	100.00%	21.21%
	其他	9 675.40 万	1.61%				
按产品	云计算及相关服务	43.76 亿	72.65%	39.03 亿	87.46%	39.21%	10.80%
	IDC 及其增值服务	12.92 亿	21.46%	5.60 亿	12.54%	60.79%	56.70%
	IDC 运营管理服务	1.96 亿	3.26%	—	—	—	—
	其他	9 675.40 万	1.61%	—	—	—	—
	互联网宽带接入服务	6 192.23 万	1.03%	—	—	—	—
按地区	北京	57.69 亿	95.78%	46.10 亿	100.00%	100.00%	20.09%
	河北	1.94 亿	3.23%	—	—	—	—
	上海	5 942.37 万	0.99%	—	—	—	—
	香港	19.81 万	0.003 3%	—	—	—	—

从该公司销售地区来看，北京市场的业务占整个公司业务的 95.78%，可以说北京市场几乎贡献了公司全部的营收。其实，这与该公司在北京建有 IDC 有关。一线城市的 IDC 属于核心稀缺资源，而该公司恰恰握有这样的资源。IDC 需要距离客户较近，而北京又集中了很多大体量的企业客户资源，IDC 的建设需要网络、电力以及工业用地，这在北京都是非常稀缺的。

未来，随着云计算市场规模的不断放大，该公司业务有望迎来跨越式发展。

2. 光环新网财务数据分析

光环新网前几年的财务与收益数据情况如表 6-4 所示。

表 6-4 光环新网财务数据

时间	2018	2017	2016	2015	2014
每股收益（元）	0.46	0.3	0.5	0.21	0.88
净利润增长率	53.13%	30.05%	195.07%	19.34%	41.51%

续表

时间	2018	2017	2016	2015	2014
营业总收入（亿元）	60.23	40.77	23.18	5.92	4.35
每股净资产（元）	4.87	4.45	8.37	1.4	6.39
净资产收益率	9.64%	7%	7.77%	15.51%	15.12%

注：该股 2014 年年报、2015 年中报、2016 年年报有大比例送股、配股情况。

从光环新网的财务数据情况来看，可以获得以下几个事实。

第一，从光环新网历年的净利润增长数据可以看出，该股最近几年都保持了较快的增长速度。即使是增速最慢的 2015 年，也达到将近 20% 的增速，由此可见 IDC 业务和云计算产业的发展速度之快。

第二，从光环新网的营收来看，该企业的营收一直处于高速增长态势。不过，即使是 2018 年该企业的营收也仅为 60.23 亿元，未来仍有较大的发展空间。

第三，从该股的净资产收益率水平来看，该企业最近几年的净资产收益率都低于 10%，也就是说，该公司的净资产收益率水平并不高，这与占该公司业务比重较大的云计算业务毛利率过低有很大的关系。

3. 光环新网整体分析

从光环新网的财务报表可以看到，截至 2018 年年底，该公司的现金余额约为 7 亿元。对于一家营收接近 60 亿元的企业而言，这种现金余量只能算一般。截至 2018 年年底，该公司的应收账款为 16 亿元左右，而预收账款为 1.5 亿元左右。两相对比来看，该公司对下游客户的控制能力明显不足，财务存在一定的风险。不过，考虑该公司的主要业务为云计算产品，往往具有延期付款的特点。综合考虑，该公司的财务状况尚可。

截至 2018 年年底，该公司的商誉价值接近 24 亿元，存在暴雷的风险，投资者尤其需要注意。24 亿元的水平已经相当于该企业 3 年的净利润了。2018 年度，该公司的研发费用为 1.83 亿元，研发投入属于一般的水平。

从之前的盈利情况来看，光环新网的盈利能力非常不错，以往年份的净利增速比较稳定。未来随着云计算产业的发展以及 IDC 业务的拓展，企业盈利有望保持高速发展。不过，鉴于该股总体资产质量一般，且财务上存在暴雷的风险，投资者需要在控制风险的前提下，合理配置投资资产。

4. 光环新网估值分析

以 2018 年年底每股收益 0.46 元为基准，并以 30% 的净利润增长率计算，2019 年的每股收益为 0.6 元，2020 年仍可能会增长 30%，则每股收益为 0.78 元。按照 30 倍市盈率来为股票估值，其 2019 年的股价预测值为 18 元。若该股的净利润增速能够达到 30%，那么，该股 30 倍市盈率对应的 PEG 值仅为 1，属于比较合理的水平。当然，若考虑该公司的净资产收益水平偏低，可将该公司的市盈率下调至 25 倍，则股价预测值为 15 元。

光环新网的日 K 线走势情况如图 6-3 所示。

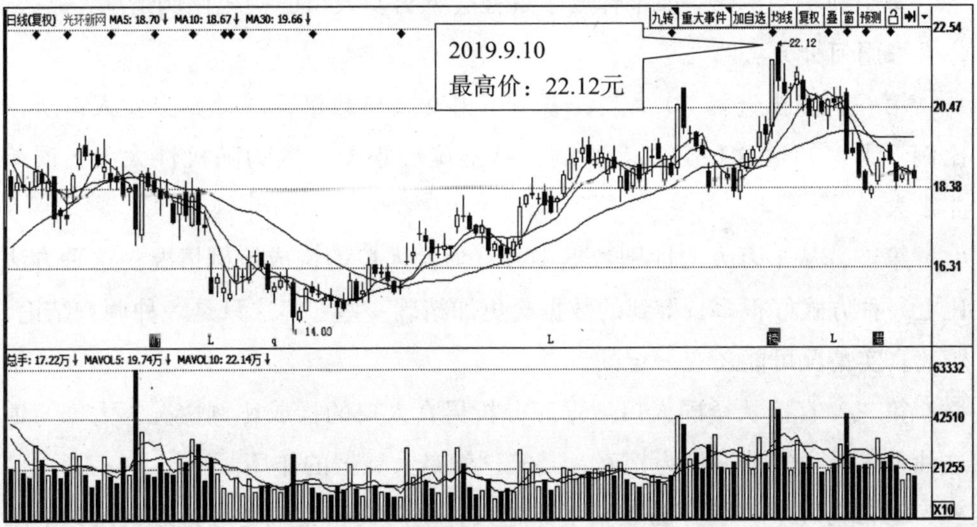

图 6-3　光环新网（300383）日 K 线走势图

2019 年光环新网随着大盘的震荡出现了震荡行情。2019 年 9 月 10 日，该股曾创出 22.12 元的高价。通过之前对光环新网股价的估值分析可知，该股的合理价格区间应该在 15～18 元之间。也就是说，截至 2019 年 9 月中旬，光环新网的价格要高于整体的估值区间。喜欢长线投资的交易者，最好在股价回调到估值区域内再建仓买入。

投资者在持有该股时，必须注意分散风险，毕竟商誉价值过高，存在一定的隐患。

第二节　大数据行业投资逻辑

大数据，从字面意义上可以得出这样一种解释，即数量非常庞大的数据。在大数据行业兴起之前，大家对处理规模较大的数据总是缺乏兴趣，毕竟这些数据虽然很庞大，但价值有限，且处理起来成本很高。近年来，随着人们对大数据了解程度的加深，越来越发现这些看似价值不大的数据，却蕴含着大量有价值的信息。

举个简单的例子。如果你要了解社会上男女人口的构成比例情况，那么，你会采用何种方法？

第一，随机选择 10 个人，看一下男女人口数量，并计算男女人口所占比例。大家知道这种方式获得的数据准确性很差，因为随机性太大，误差非常大。

第二，从 1 万人的性别数据中查看男女人口的构成比例情况。这种方法比上一种方式好很多，得到的数据会更加精确一些，但这只是一种调查结论，距离真实情况可能还有一定的误差。

第三，直接从全国人口数据库分析男女人口的构成比例情况。大家知道这种方法得到的数据最为精确，其实这就是大数据的作用。

通常情况下，掌握的数据基数越大，距离真相也就越近，这就是大数据行业出现的前提条件。

在《大数据时代》一书中，作者为大数据下了这样一个定义：大数据指不用随机分析法（抽样调查）这种捷径，而是采用所有数据进行分析处理。IBM 曾提出大数据具有的 5 个典型特征，如图 6-4 所示。

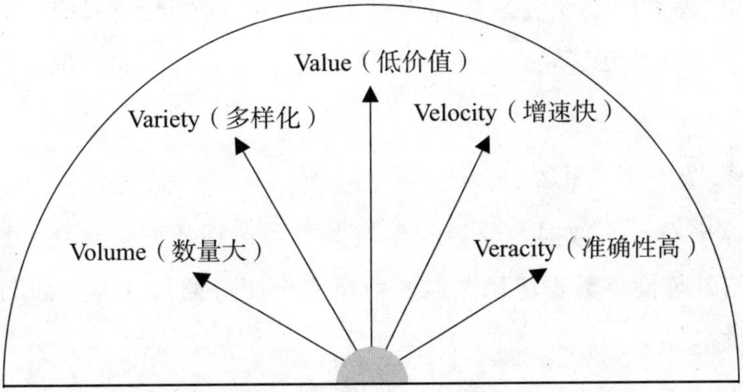

图 6-4　IBM 总结的大数据的 5 个特征

（1）Volume（数量大），即数据量非常庞大。数据存储量、计算量都非常大，需要很多数据存储、分析与计算设备，这也是大数据行业对云计算行业依赖较深的原因。云计算行业的发展，使大数据存储、计算都更容易实现。

（2）Variety（多样化），即数据的种类和来源多样化。各类形式的数据，包括音频、视频等信息无所不包，这都为数据的加工和处理带来了相当大的麻烦。

（3）Value（低价值），即数据价值的密度较低。也就是说，大数据是通过数据的量来弥补质的不足的。反之，若数据价值密度大，恐怕也就不容易获取了。

（4）Velocity（增速快），数据的增长速度非常快。每天都会产生大量新的数据，当然，数据处理的速度也在与时俱进地提升。同时，数据处理的速度也在加快。

（5）Veracity（准确性高），大数据以其庞大的数据为基础，因而得出的分析结论更加精准。

一、大数据行业竞争分析

近年来，大数据行业迎来了一波跨越式发展浪潮。据相关机构统计，截至 2018 年，大数据及相关产业的规模突破 6 000 亿元，预计到 2020 年，市场规模有望突破 1 万亿元。对于参与其中的企业而言，大数据行业孕育着无限的发展机会。

1. 大数据产业链及整体态势

从整体来看，大数据产业链的参与者主要包括数据采集商，数据存储、数据分析与处理商，数据应用商以及数据安全服务商等几类，如图 6-5 所示。

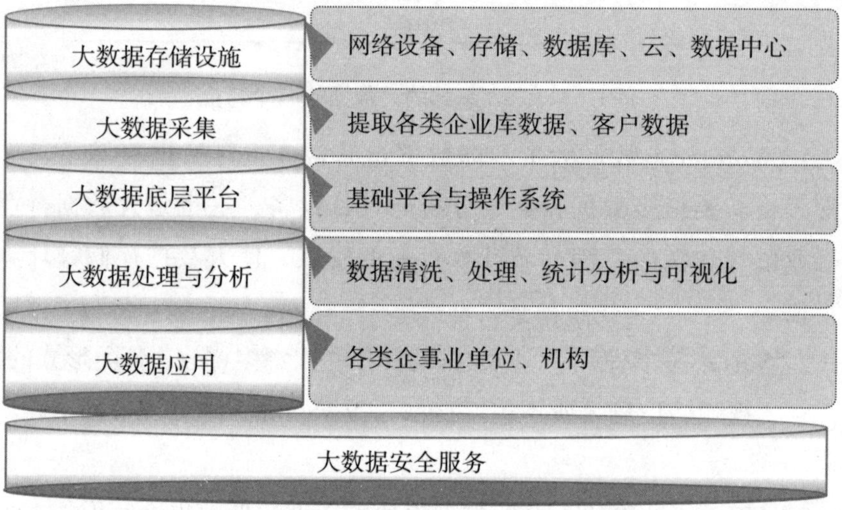

图 6–5　大数据产业链分布

（1）大数据存储设施领域。这是大数据产业的基础设施领域，是整个大数据产业发展的基础。由于大数据产业与云计算产业有千丝万缕的联系，因而很多云计算产业链中提供基础设施支持的企业，也能支持大数据产业。比如上一节介绍的光环新网就是这样一家企业。该领域内的企业还包括华胜天成、拓尔思、同有科技等。当然，该领域也包括百度、阿里巴巴、腾讯等大型互联网企业，这些企业在很多地区都建设了数据存储基地，以保障数据信息的安全。大数据硬件供应商包括中科曙光、浪潮信息等。

（2）大数据采集领域。企业通过设计相应的软件，帮助客户采集各类所需的数据信息。该领域内的企业包括华胜天成、用友网络等。

（3）大数据底层平台领域。该领域内的企业可以帮助客户搭建完整的大数据平台，并提供相应的支持服务。比较具有代表性的企业包括前面提到的华胜天成、用友网络，还包括海量数据、天夏智慧、东方国信等。

（4）大数据处理与分析领域。该领域内的企业为客户提供全套的大数据处理与应用解决方案。通常情况下，该领域内的企业会专注于某一细分领域，如医疗领域、公共安全领域、教育领域，企业有东软集团、东方国信、宝信软件、天源迪科等。

（5）大数据应用领域。该领域内的企业主要是一些直接面向终端客户或消费者的企业，如百度、腾讯、阿里巴巴、每日互动等。

（6）大数据安全服务领域。该领域内的代表企业包括启明星辰、三六零等。

2. 大数据行业整体竞争态势

大数据行业近年来呈现了爆发性的增长，整个行业呈现出如下几个显著的竞争态势。

第一，从整体上来看，大数据行业已经形成了相对完整的布局，产业链各层次都有企业在深耕。然而，从细分领域来看，大数据中游的平台搭建以及数据处理领域竞争非常激烈，且外资企业占据较大的优势，如亚马逊、微软；在大数据产业下游的应用领域，尽管阿里巴巴、腾讯、百度占有较高的市场份额，但由于该层面还有很多尚待挖掘的细分领域，因而给其他企业留下了很多机会。

第二，互联网巨头加速跑马圈地，逐渐开始向打通整个大数据产业链的方向发展，中小企业在竞争中日趋弱势。寻找未被开发的细分领域并进行精耕细作，成为中小型大数据企业的当务之急。

第三，随着国内大数据产业的快速发展，越来越多的厂商开始向海外拓展市场，积极推进国际化战略。

3. 大数据产业发展趋势

大数据属于典型的新兴产业，未来发展空间十分广阔。目前，逐渐开始显露的趋势包括如下几项。

第一，我国在数据管理方面缺乏统一的标准，因而数据加工、处理的难度非常大，导致数据整体质量偏低。未来，随着大数据行业的发展，数据质量必然需要提升。

第二，随着大数据被广泛应用于各个行业，加速了对各个行业竞争态势的重塑。可以这样说，大数据将会深刻影响各行各业。

第三，大数据共享进度有望进一步提升。这将极大地提升大数据的处理和应用效率。同时，未来会有更多基于大数据处理与应用的企业出现。

二、大数据企业投资逻辑

大数据行业是一个政府支持、各家企业积极入局的行业，发展潜力十分巨大。A股市场上有很多个股都具有大数据概念，作为投资者，在选择投资标的时需要关注以下几个因素。

第一，关注拥有丰厚数据资源的企业。如果将数据资源看成与矿产资源相同的资源，那么，拥有丰厚数据储备资源的企业无疑就是矿场。这类企业因其拥有丰富的数据资源，可以不断挖掘数据的自身价值。这类企业有一个共同资源，即距离终端客户非常近，如百度、腾讯、阿里巴巴以及各大电信企业。

第二，关注以技术见长的企业。这类企业专注于数据的采集、处理与分析、可视化应用等方面，既包括了硬件企业，又涵盖了软件企业，如浪潮、中科曙光、华为、用友、永洪科技、星环科技、南大通用等。

第三，关注数据应用型企业。这类企业广泛对接各个行业，专注于产品的便捷性和易维护性等，能够为各行业企业提供差异化服务，如明略数据、百分点。明略数据、百分点具有较强的竞争能力，暂时并未上市，投资者可保持关注。

三、大数据企业研究——东方国信

东方国信是一家比较有代表性的新兴领域内的公司，其主要业务方向为云平台和大数据。

北京东方国信科技股份有限公司是一家专注于为企业提供完整商业智能系统解决方案的公司。该公司主要产品包括企业数据平台、数据分析平台和基于 BI 的 CRM 应用等。该公司也是中国联通与中国电信最大的 BI 应用软件供应商。该公司平均每日处理数据超 3 万亿条，帮助客户查询数据量超 70 万亿条，建设的大数据平台节点最大规模超过 3 万，实时响应时间为毫秒级。

1. 基本产品线与盈利构成

东方国信作为一家提供企业商业智能（BI）系统解决方案的企业，其收入主要来自各类系统集成以及大数据运营等相关服务。东方国信的产品销售与利润占比情况如表 6-5 所示。

表 6-5　东方国信的产品及收入构成（2018 年度）

业务名称		营业收入（元）	收入比例	营业成本（元）	成本比例	利润比例	毛利率
按行业	电信	10.20 亿	51.09%	4.51 亿	44.58%	57.76%	55.80%
	金融	3.79 亿	18.96%	2.01 亿	19.86%	18.05%	46.97%
	工业	2.68 亿	13.43%	1.60 亿	15.85%	10.94%	40.19%
	政府	1.64 亿	8.23%	9 748.34 万	9.64%	6.79%	40.69%
	其他	1.09 亿	5.47%	7 681.86 万	7.60%	3.28%	29.62%
	大数据运营	5 634.50 万	2.82%	2 491.51 万	2.46%	3.19%	55.78%
按产品	软件、技术开发及服务	16.87 亿	84.52%	7.63 亿	75.48%	93.80%	54.77%
	硬件	3.09 亿	15.48%	2.48 亿	24.52%	6.20%	19.78%
按地区	华北	8.62 亿	43.18%	4.72 亿	46.73%	39.53%	45.18%
	华东	4.56 亿	22.87%	2.16 亿	21.40%	24.37%	52.60%
	西北	1.53 亿	7.66%	7 062.20 万	6.99%	8.36%	53.83%
	西南	1.47 亿	7.35%	6 719.52 万	6.65%	8.08%	54.22%
	东北	1.25 亿	6.24%	5 552.41 万	5.49%	7.01%	55.43%
	华南	1.18 亿	5.90%	5 788.54 万	5.73%	6.07%	50.82%
	华中	9 458.51 万	4.74%	4 769.54 万	4.72%	4.76%	49.57%
	境外	4 122.65 万	2.07%	2 326.27 万	2.30%	1.82%	43.57%

从表 6-5 中可以看出，东方国信的整个收入看似比较分散，但其实大部分都是基于企业商业智能系统集成方案获得的收入。从细分领域可以看出，该企业的系统集成方案涉及电信、金融、工业和政府部门，毛利率普遍在 40% 以上。大数据运营业务占总营收的比重还很低，只有 2.82%，但毛利率高达 55.78%，这也是为何大数据运营业务能够成为企业重点发展方向的原因所在。同时，电信领域的销售额占总营收的比重超过 50%，这也印证了企业介绍中所说的，东方国信与中国电信、中国联通有着深入的合作关系。未来，电信行业的收入仍将是构成东方国信主要业务收入和利润来源的重要组成部分。

从该公司销售地区来看，华北与华东是东方国信的主要营收区域，两个市场的销售额占企业总营收的 68% 左右。这与两个地区的经济发展水平、企业总部较多有直接关系。

2. 东方国信财务数据分析

东方国信前几年的财务与收益数据情况如表 6-6 所示。

表 6–6　东方国信财务数据

时间	2018	2017	2016	2015	2014
每股收益（元）	0.5	0.41	0.53	0.41	0.52
净利润增长率	20.3%	31.38%	43.49%	68.49%	50.3%
营业总收入（亿元）	19.96	15.06	12.78	9.31	6.15
每股净资产（元）	4.7	4.19	6.02	3.28	5.37
净资产收益率	11.08%	10.28%	10.27%	13.28%	12.5%

注：该股 2014 年年报、2016 年年报有大比例送股、配股情况。

从东方国信的财务数据情况来看，可以获得以下几个事实。

第一，从东方国信历年的净利润增长数据可以看出，该股最近几年来净利润增速较快，但近两年存在明显的减速趋势。当然，这与企业业务规模扩张，以及不断地在大数据业务领域投入有关。其实，相比同类企业，能够保持当前的营收增速已经属于不错的了，未来即使偶尔出现净利润下滑也是可以理解的。

第二，从东方国信的营收来看，该企业的营收一直处于高速增长态势。不过，即使是2018年该企业的营收也不到20亿元，未来仍有较大的发展空间。

第三，从该股的净资产收益率水平来看，该企业最近几年的净资产收益率都在10%以上，但并未超过15%，只能算一般的投资收益水平。

3. 东方国信整体分析

从东方国信的财务报表可以看到，截至2018年年底，该公司的现金余额不到12亿元。对于一家营收不到20亿元的企业而言，这种现金余量还是不错的。截至2018年年底，该公司的应收账款是16.68亿元，而预收账款不到4 000万元。两相对比来看，该公司对下游客户的控制能力明显不足，财务存在一定的风险。不过，该公司的主要业务为云平台及大数据产品，往往具有延期付款的特点。综合考虑，该公司的财务状况尚可。

截至2018年年底，该公司的商誉价值10.24亿元，存在暴雷的风险，投资者尤其需要注意。10.24亿元的水平已经相当于企业两年的净利润了。2018年度，该公司的研发费用为1.12亿元，属于研发投入较大的企业。

从之前的盈利情况来看，东方国信的盈利能力非常不错，且以往年份的净利润增速比较稳定。未来随着云平台产业的发展以及大数据业务的拓展，企业的盈利有望保持高速。不过，鉴于该股总体财务状况一般，净资产收益率不足15%的情况，且财务上存在暴雷的风险，投资者需要在控制风险的前提下，合理配置投资资产。

4. 东方国信估值分析

以2018年年底每股收益0.5元为基准，并以10%的净利润增长率计算，2019年的每股收益为0.55元，2020年仍可能会增长30%，则每股收益为0.72元。按照30倍市盈率来为股票估值，其2019年的股价预测值为16.5元。若该股的净利润增速只有10%，那么，该股30倍市盈率对应的PEG值为3，属于估值偏高的情况。因此，在实际操作中，要尽量将PEG值降至2以下，即市盈率按照20倍计算，则股价预测值为11元左右。

东方国信的日K线走势情况如图6-6所示。

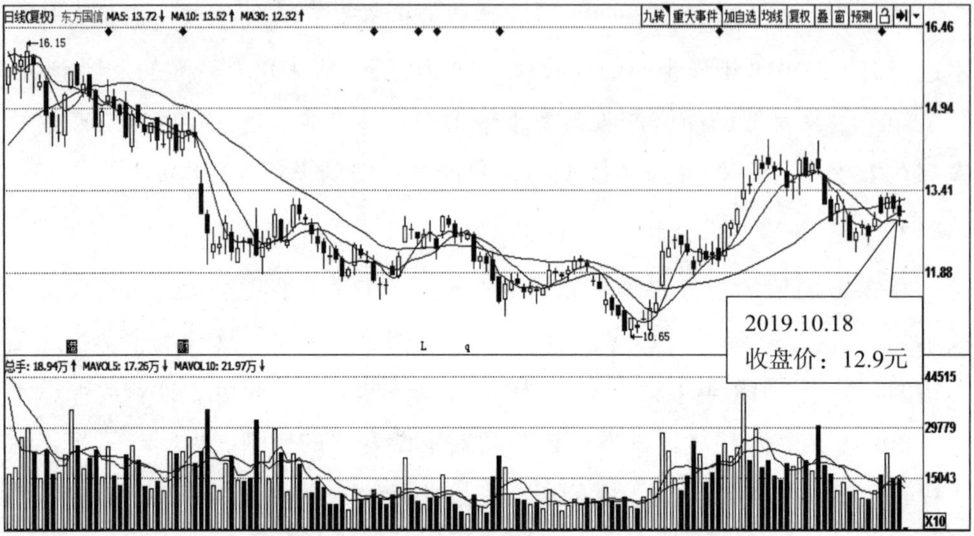

图 6-6　东方国信（300166）日 K 线走势图

2019 年，东方国信随着大盘的震荡出现了震荡行情。2019 年 10 月 18 日该股收盘于 12.9 元。通过之前对东方国信股价的估值分析可知，该股的合理价格区间应该在 11～16.5 元之间。也就是说，截至 2019 年 10 月中旬，东方国信的价格位于预估价格区间的中位水平。保守型投资者可在股价回调至估值下线附近时买入，激进型投资者可在股价出现回调时开始分批建仓。

投资者在持有该股时，必须注意分散风险，毕竟商誉价值过高，存在一定的隐患。同时，大数据行业作为一个新兴行业，身处其中的企业出现业绩波动也是难免的。

第三节　物联网行业投资逻辑

物联网，从字面上可以这样理解，即将物品用互联网连接起来，构成一个新的网络。而要将物品连接到互联网上，则需要各类感应装置、激光扫描设备、射频识别（RFID）以及全球定位系统等，还需要借助一定的协议，通过信息交换和通信，才能实现这种智能化识别、定位、跟踪、监控和管理的网络。

举一个简单的例子来说明物联网时代的特点。比如，现在大家去菜市场买菜，一些有机蔬菜可能会标注原产地。但即便如此，很多人还是会对蔬菜的产地有所怀疑，毕竟这种标签并不是太可靠。如果有物联网的话，这个问题就比较容易解决了。人们只需用手机扫一下蔬菜的二维码或其他识别标识，系统将会自动追踪蔬菜的原地产，甚至生长地块、环境状况等信息。

物联网（The Internet of Things，IOT）的标准定义为：通过各种信息传感器、射频识别技术、全球定位系统、红外感应器、激光扫描器等装置与技术，实时采集任何需要监控、连接、互动的物体或过程，采集其声、光、热、电、力学、化学、生物、位置等各种需要的信息，通过各类可能的网络接入，实现物与物、物与人的泛在连接，实现对物品和过程的智能化感知、识别和管理。

通过上面的定义可以发现，物联网行业的核心技术包括但不限于如图6-7所示的几个类别。

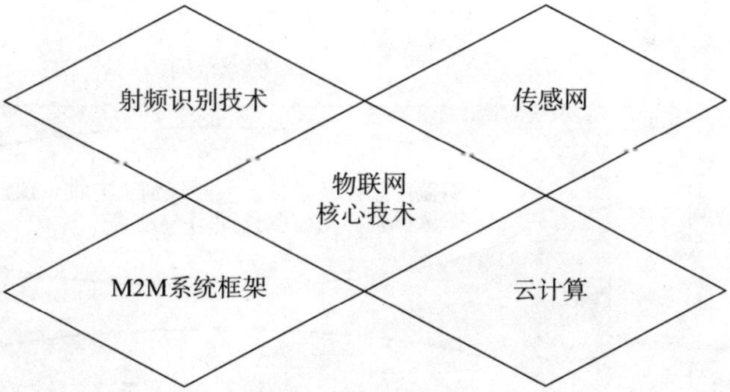

图6–7　物联网行业的四大核心技术

（1）射频识别技术（RFID），是一个由阅读器和很多应答器（标签）组成的无线系统。这套系统属于物联网的终端系统，是获取物品相关信息的一个系统。

（2）传感网，是由微传感器、微执行器、信号处理和控制电路、通信接口和电源等部件组成的一体化的微型器件系统。该系统将信息获取、处理和执行集成在一起，形成一个多功能的微型系统。比如前面介绍的蔬菜追溯原产地信息的案例，整个蔬菜产地与销售终端都处于同一个传感网内。

（3）M2M 系统框架，该系统是一种以机器终端智能交互为核心的、网络化的应用与服务，它将使对象实现智能化的控制。M2M 技术涉及 5 个重要的技术部分：机器、M2M 硬件、通信网络、中间件、应用。这是整个物联网中技术含量最高的部分，也是整个物联网得以运行的关键所在。

（4）云计算。云计算在前面章节有过介绍，这里不再赘述。

一、物联网行业竞争分析

在万物互联的大趋势下，物联网行业近年来取得了飞速发展。据相关机构统计，截至 2018 年年底，物联网行业的总产值达到了 7 500 亿元，预计到 2020 年，这一数据将会突破 2 万亿元。

1. 物联网产业链及整体态势

从整体来看，物联网产业链可以划分为 3 个层面，即感知层、通信网络层以及应用层，如图 6-8 所示。

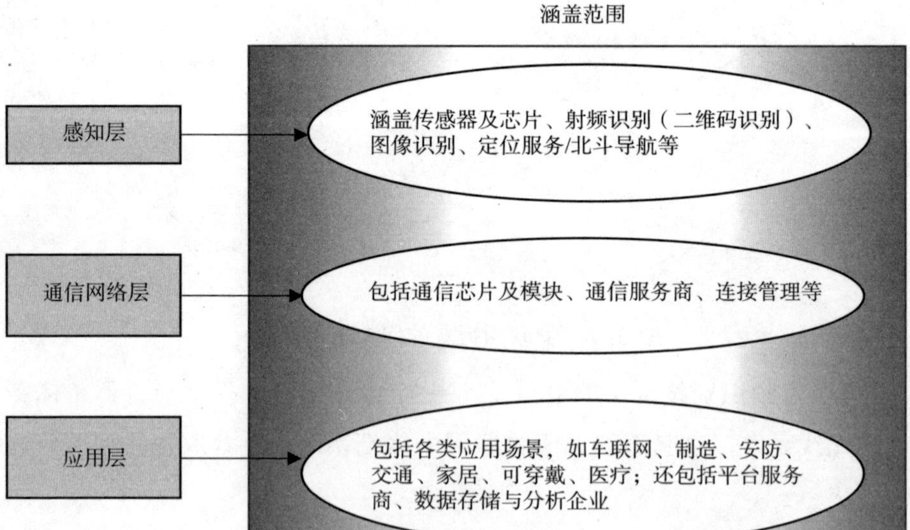

图 6–8　物联网产业链

（1）感知层。该领域属于物联网的终端范畴，是信息输入端。参与企业包括歌尔股份、苏州固锝、华东科技、汉威科技、新大陆、科大讯飞、海格通信、北斗星通、振芯科技等。

（2）通信网络层。该领域属于数据信息连接与处理环节，参与企业包括三大通信公司（中国联通、中国电信、中国移动）、宜通世纪、武汉凡谷、光迅科技等。

（3）应用层。该领域是涵盖范围最广的一个环节，包括各类应用场景和物联网平台企业、数据存储企业等，参与企业包括东方精工、天泽信息、九安医疗、佳都科技、阿里巴巴、百度、京东、光环新网、华星创业、东方国信、天源迪科等。

2. 物联网产业竞争态势

物联网行业作为一个典型的新兴行业，拥有巨大的发展潜力和空间。具体到行业竞争层面，目前形成了以下几个典型的特征。

第一，地域发展不平衡。物联网发展水平与地区经济水平密切相关，广东、江苏、北京、上海等地区发展尤为迅速，其中又以广东为最。广东省占国内物联网总体市场份额的 40% 左右。同时，各地在物联网方面的发展方向又各有侧重，除了广东、北京涵盖整个产业链外，江苏的重点方向在芯片、读写器以及系统集成等方面；福建侧重于传感器、标签以及读写器等；上海侧重于芯片与传感器等领域。

第二，在物联网各细分领域方面，感知层的竞争最为激烈，参与厂商也最多。反倒是应用层，由于涉及的行业众多，空间和潜力还未得到充分释放。

第三，从国际竞争的角度来看，由于国内物联网行业起步相对较晚，在技术积累方面落后于国际巨头，特别是在传感器及芯片领域存在技术薄弱的问题。在物联网平台建设方面，与国际巨头也存在较大的差距。

3. 物联网产业发展趋势

随着物联网行业的逐步发展和成熟，未来将会出现以下几个典型的趋势。

第一，加速与其他行业的融合，引领相关产业发展。目前，在物联网应用方面，智能制造、智能家居、车联网等方面发展较为迅速，未来其他行业也将加速与物联网的融合。

第二，行业标准体系逐渐成熟。由于物联网属于新兴行业，涉及的范围非常广，很多技术标准并不成熟。未来，随着物联网行业的发展，行业标准体系将逐渐走向成熟，行业内的优势企业将掌握标准的制定权。

第三，综合性平台将会出现。物联网行业是一个融合多领域的行业，未来的物联网平台也将更具综合性。

第四，物联网应用模式将会有更大的创新。由于物联网行业出现的时间较短，其商业模式还十分有限，未来更具创新性的商业模式将会出现。

二、物联网企业投资逻辑

物联网行业的发展，将会为整个产业链迎来利润增长的黄金期，特别是随着移动视频的发展，网络流量需求迎来爆发式增长，物联网发展的最大瓶颈消除，更为物联网的发展打开了上升通道。在投资物联网企业时，需要重点考虑以下几方面因素。

第一，关注物联网终端传感器及芯片领域。尽管该领域的竞争比较激烈，但整体技术水平偏低，与国际厂商存在一定的差距，因而，在技术方面率先取得突破的企业，往往更容易赢得市场。比较有代表性的企业如汉威科技、科大讯飞等。

第二，关注物联网产业链中的管理平台。管理平台是物联网管理的核心，比较典型的管理平台企业为宜通世纪。

第三，物联网最终是要被应用于各个行业的。从目前的应用情况来看，车联网、智能家居是最值得关注的细分领域，代表性企业包括天泽信息、易华录、国脉科技等。

物联网属于新兴行业，很多涉足该领域的企业盈利能力还十分有限，但投资该领域更多的是从未来考虑。投资者在研判该领域内的企业时，要重点关注如下几个方面。

第一，是否具有核心技术优势。

第二，市场占有率如何。若企业能在某一细分领域取得垄断地位，即使目前盈利能力有限，未来也会兑现盈利。

第三，是否专注物联网相关业务，或者物联网相关业务贡献企业营收的比重。很多企业只是具备了一定的物联网概念，并未有实际的收入，投资者在选择股票时，必须将这类股票率先排除。

三、自动识别企业——新大陆

新大陆是一家典型的物联网企业，其旗下核心产品多与自动识别技术相关，如二维码识别、扫描器、终端 POS 机。

新大陆数字技术股份有限公司的主营业务是计算机应用产品的研发、生产、销售及服务。公司的主要产品包括电子支付产品、信息识读产品、行业应用软件开发及服务（含硬件配套）等。该公司是国内终端厂家中唯一掌握终端核心芯片设计技术的企业，也是第一家获得金融税控收款机许可证和唯一拥有被誉为“3G 瓶颈技术”的二维码自动识别核心技术的企业。

总之，新大陆在物联网时代属于具备较强竞争优势的企业。

1. 基本产品线与盈利构成

新大陆作为一家以数字技术为代表的企业，其收入主要来自电子支付以及相关服务。新人陆的产品销售与利润占比情况如表 6-7 所示。

表 6-7 新大陆的产品及收入构成（2018 年度）

业务名称		营业收入（元）	收入比例	营业成本（元）	成本比例	利润比例	毛利率
按行业	服务业	37.59 亿	63.34%	24.58 亿	61.05%	74.05%	34.61%
	制造业	20.24 亿	34.11%	15 .69 亿	38.95%	25.95%	22.52%
	房地产	1.51 亿	2.55%	—	—	—	—
按产品	商户运营及增值服务	26.15 亿	45.50%	20.21 亿	49.62%	35.47%	22.70%
	电子支付产品及信息识读产品	20.24 亿	35.23%	15.69 亿	38.50%	27.25%	22.52%
	行业应用与软件开发及服务	9.56 亿	16.64%	4.16 亿	10.20%	32.32%	56.55%
	房地产及物业费收入	1.51 亿	2.63%	6 829.48 万	1.68%	4.95%	54.83%
按地区	境内	55.02 亿	92.51%	—	—	—	—
	境外	4.46 亿	7.49%	—	—	—	—

从表 6-7 中可以看出，新大陆的收入全部来自三大门类，包括服务业、制造业和房地产业，不过，其中仍以支付服务为核心，包括商户运营平台服务、支付服务以及相关软件的开发等，这一大块业务占总营收的比重高达 97.37%。房地产及物业费收入只是新大陆办公园区内的房产、物业项目，而非企业的主要业务收入。

从毛利率情况来看，软件开发业务的毛利率水平是最高的，达到了 56.55%，而电子支付产品的毛利率仅为 22.52%，这也说明电子支付市场存在比较激烈的竞争。

从该公司销售地区来看，境外销售额占比达到了 7.49%，说明企业已经实现了“走出去”的战略。不过，国际市场占比的提升，也会为企业增加相应的风险，如国际政治局势、汇率风险的影响。

未来，随着物联网市场规模不断放大，该公司业务有望迎来跨越式增长。

2. 新大陆财务数据分析

新大陆前几年的财务与收益数据情况如表 6-8 所示。

表 6-8 新大陆财务数据

时间	2018	2017	2016	2015	2014
每股收益（元）	0.58	0.69	0.5	0.37	0.54
净利润增长率	-10.43%	41.78%	37.67%	21.52%	25.16%
营业总收入（亿元）	59.47	49.2	35.45	30.45	22.35
每股净资产（元）	5.03	4.78	2.6	2.33	3.58
净资产收益率	11.44%	20.61%	18.77%	17.11%	15.69%

注：该股 2014 年年报有大比例送股、配股情况。

从新大陆的财务数据情况来看，可以获得如下几个事实。

第一，从新大陆历年的净利润增长数据可以看出，该股之前几年都保持了较高的增长速度，不过，2018 年该公司的净利水平出现了下滑。其实，这与该公司的园区地产开发情况有关。到 2018 年，该公司的地产项目已经全部完结，而之前的年份这部分收益占利润比重很大。如果剔除地产项目的收益，其实 2018 年的净利水平也是同比上升的，而且上升幅度也达到了

26.12%。总之，该公司的经营水平还是相当不错的。

第二，从新大陆的营收来看，该企业的营收一直处于高速增长态势，即使 2018 年地产收入占比已经很小了，但业务营收水平仍出现了较大幅度的增长。未来，随着物联网行业的爆发式增长，企业净利水平还将进一步提升。

第三，从该股的净资产收益率水平来看，除了 2018 年外，企业最近几年的净资产收益率都高于 15%。按照目前的态势，2019 年的净资产收益率也有可能超过 15%。也就是说，该公司的资产收益率水平还是非常不错的，特别是考虑到该公司所属的行业。总之，可以将该公司看成一个较佳的投资标的。

3. 新大陆整体分析

从新大陆的财务报表可以看到，截至 2018 年年底，该公司的现金余额约为 26 亿元。对于一家营收接近 60 亿元的企业而言，这种现金余量还是相当不错的。截至 2018 年年底，该公司的应收账款在 7.42 亿元左右，而预收账款为 2.96 亿元左右。两相对比来看，该公司对下游客户的控制能力还是相当不错的，考虑到该公司的主要客户为中国移动、中国银联，财务安全水平更可看高一线。

截至 2018 年年底，该公司的商誉价值为 5.53 亿元，存在一定的风险，但相比企业的资金存量和业务营收能力，这种商誉水平还是可以接受的，毕竟企业扩展就会产生一定的商誉。2018 年度，该企业的研发费用为 4.6 亿元左右，属于研发投入较高的企业。

从之前的盈利情况来看，新大陆的盈利能力非常不错，且以往年份的净利增速比较稳定。未来，随着物联网产业的发展以及 IDC 业务的拓展，企业的盈利有望保持高速发展。

新大陆一直与银联保持着较为密切的合作，同时，在二维码识别领域，新大陆的技术优势比较明显。总之，新大陆的资产质量较佳。

4. 新大陆估值分析

以 2018 年年底每股收益 0.58 元为基准，并以 30% 的净利润增长率计算，2019 年的每股收益为 0.75 元，2020 年仍可能增长 30%，则每股收益为 0.98 元。

按照30倍市盈率来为股票估值，其2019年的股价预测值为22.5元。若该股的净利润增速能够达到30%，那么，该股30倍市盈率对应的PEG值仅为1，属于比较合理的水平。

新大陆的日K线走势情况如图6-9所示。

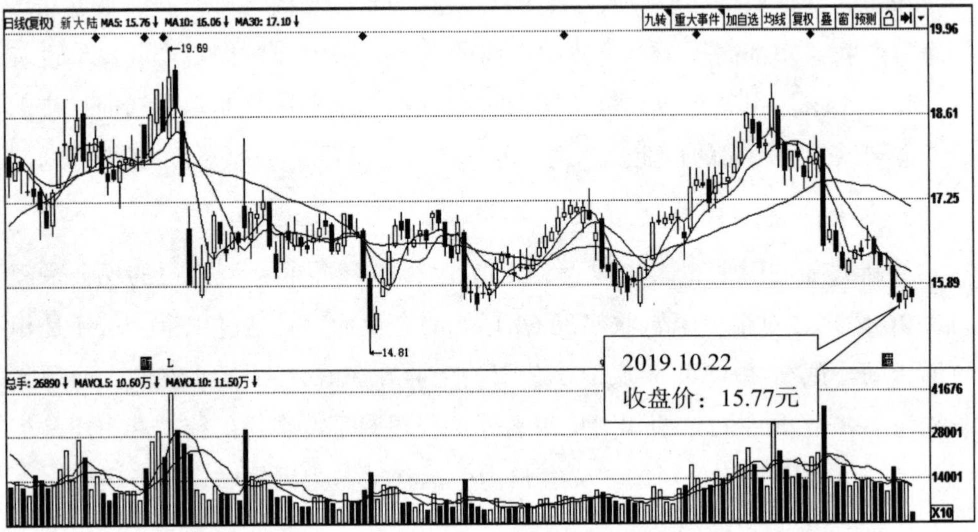

图6–9　新大陆（000997）日K线走势图

2019年新大陆随大盘的震荡出现了震荡行情。2019年10月22日该股收盘于15.77元。通过之前对新大陆股价的估值分析可知，该股的合理价格应该在22.5元左右。也就是说，截至2019年10月中旬，新大陆的价格大幅低于预估价格，未来该股具有很大的上升空间和潜力，投资者可考虑在股价回调时分批买入。

第四节　人工智能行业投资逻辑

人工智能（AI）一词最早于1956年在达特茅斯会议上提出。随着科技的发展，人们对人工智能的理解不断深入和完善，人工智能的定义也不断被更新。其中有一种定义被很多人接受，即人工智能就是与人类思考方式相似的计算机程序。从这一定义来看，人工智能本质就是一个计算机程序，只是与人类思考方式相似。但正因为与人类思考方式相似，才使得人工智能的研究还有很长的一段路要走，因为人类对自己大脑以及思考方式的理解还在不断进步。人工智能的发展与神经网络技术（仿生人类大脑的工作方式）的发展密不可分。

随着大数据与云计算产业的发展，人工智能行业也迎来了快速发展的黄金期，越来越多的人工智能产品走入人们的生活。

一、人工智能行业竞争分析

2016 年 3 月，《中华人民共和国国民经济和社会发展第十三个五年（2016—2020 年）规划纲要》出台。这份规划纲要中提出：加快信息网络新技术开发应用，重点突破大数据和云计算关键技术、自主可控操作系统、高端工业和大型管理软件、新兴领域人工智能技术。人工智能技术首次被写入国家规划中。

1. 人工智能产业链及整体态势

从整体来看，人工智能产业链可以划分为 3 个层面，即基础层、技术层和应用层，如图 6-10 所示。

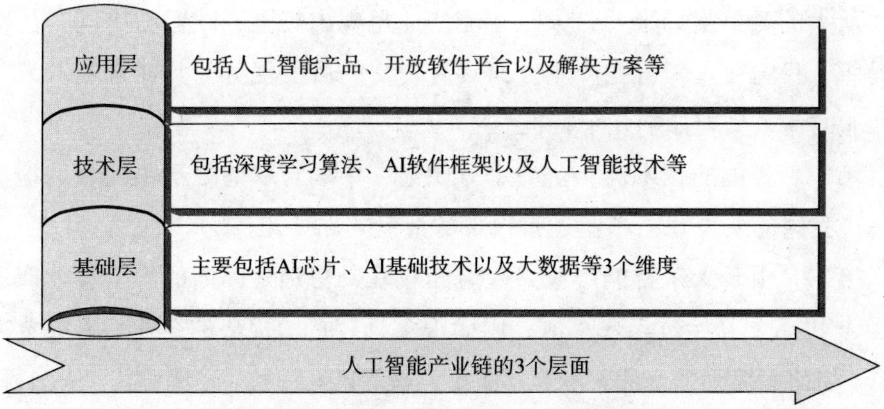

图 6-10　人工智能产业链

（1）基础层。

基础层主要为上一层算法提供算力和数据输入支持。近年来，人工智能的发展与云计算促进算力的提升和大数据提供的数据支持密不可分。目前，语音数据、图像数据、文本数据等都可作为输入数据，而在AI芯片领域，寒武纪科技则显示出了较强的竞争力。

（2）技术层。

技术层主要通过利用大量的数据在软件平台进行算法训练和推理。这是人工智能领域非常核心的技术，包括神经网络技术、知识图谱、语音识别、图像识别等，都从属这一范畴。在这一领域，国内展现出较强竞争力的企业包括科大讯飞、商汤科技、旷世科技、云从科技、依图科技等，其中后4家都未上市，投资者可留心这几家企业的上市时间。

（3）应用层。

应用层主要涵盖人工智能技术落地的相关产业，包括人工智能产品以及人工智能技术与其他行业融合而成的新的解决方案等。由于这一层面的细分领域众多，涉足其中的企业也非常多。其中，金融、安防、客服、机器人等领域发展较好，百度、阿里巴巴、腾讯涉足的项目较多。

2. 人工智能产业整体竞争态势

从大的竞争格局来看，人工智能产业呈现出美国、欧盟与中国三足鼎立的局面。我国在人工智能产业方面具有一定的后发优势。具体来看，人工智能产业的竞争呈现如下几个特征。

第一，美国的技术优势仍然十分明显，中国与欧盟处于跟随者的地位。未来，我国的人工智能产业还有很长的追赶之路要走。

第二，由于人工智能产业兴起时间较晚，特别是国内的人工智能产业在2014年以后才开始进入快车道，因而很多具有技术优势的企业还未完成上市融资，如前面提到的寒武纪科技、商汤科技、旷世科技、云从科技、依图科技。

第三，国际巨头利用资金与技术优势，频频收购具有技术优势的企业。国际巨头为了快速完成AI领域的布局，往往会利用资金优势直接收购一些具有技术优势的企业，从而完成对相关领域的介入。近年来，微软、亚马逊、谷歌等企业接连不断收购了大量新兴技术企业。正因如此，这些企业很容易形成在人工智能领域的垄断。阿里巴巴、腾讯、百度、京东以及一批风投机构，也陆续收购或投资了一些 AI 企业。

第四，从国内的 AI 产业地区分布来看，北京、上海、深圳领跑整个 AI 产业，东北地区以及西北地区的发展相对落后一些。

3. 人工智能产业的发展趋势

近几年，人工智能产业将会呈现出以下几个明显的趋势。

第一，AI 行业的主战场将会从 AI 芯片领域过渡到 AI 应用层面，其中，AI 将与生产制造、公共服务加速融合。

第二，AI 行业在金融服务业中的应用价值得到了较好的体现，未来，银行金融业与 AI 领域还将进一步融合。

第三，AI 应用领域将向企业服务、智能家居、智能穿戴设备、车载设备、智能机器人领域发展。

二、人工智能企业投资逻辑

未来几年，人工智能领域将会迎来黄金发展期，其间很可能会涌现出一批超级绩优企业。下面介绍几种筛选绩优企业的思路供读者参考。

第一，在具有显著技术优势的领域中寻找强者。在 AI 技术领域，国内的企业率先在人脸识别技术细分领域实现了突围，比如前面提到的商汤科技、旷世科技、云从科技、依图科技，被称为 AI 行业“四小龙”。而科大讯飞是上市公司中技术优势最为明显的企业。

第二，在具有填补空间的领域寻找技术出众的企业。比如在 AI 芯片领域，寒武纪科技和华为海思都具备较强的竞争力。

第三，AI 产业最大的价值还是与其他行业的融合，并完成对其他行业的重塑，因而应关注 AI 与金融、安防、医疗、智能家居、车载装置、可穿戴装备的结合企业。比如在人工智能与安防结合方面，海康威视、大华股份、千方科技等已经具备了相当强的竞争优势。

三、人工智能企业——科大讯飞

目前，在A股市场上，具有典型特征的AI企业还很少，科大讯飞则是其中之一。科大讯飞股份有限公司是一家专业从事智能语音及语言技术研究、软件及芯片产品开发、语音信息服务及电子政务系统集成的国家级骨干软件企业，是我国众多软件企业中为数极少的掌握核心技术并拥有自主知识产权的企业之一，其语音合成核心技术代表了世界的最高水平。

1. 基本产品线与盈利构成

科大讯飞作为一家以人工智能业务为代表的企业，其收入主要来自软件及教育服务等方面。科大讯飞的产品销售与利润占比情况如表6-9所示。

表6-9　科大讯飞的产品及收入构成（2018年度）

业务名称		营业收入（元）	收入比例	营业成本（元）	成本比例	利润比例	毛利率
按行业	软件和信息技术服务业	77.53亿	98.37%	38.09亿	100.00%	100.00%	50.86%
	教育教学	1.29亿	1.63%	—	—	—	—
按产品	开放平台及消费者业务	24.15亿	30.64%	12.61亿	32.14%	29.16%	47.79%
	教育领域	21.44亿	27.20%	9.59亿	24.44%	29.94%	55.27%
	智慧城市	16.96亿	21.52%	11.72亿	29.87%	13.25%	30.91%
	政法业务	10.36亿	13.14%	3.24亿	8.25%	17.99%	68.73%
	汽车领域	2.67亿	3.39%	9 364.34万	2.39%	4.39%	64.97%
	智能服务	2.42亿	3.07%	8 575.94万	2.19%	3.95%	64.58%
	其他业务	8 094.77万	1.03%	2 852.27万	0.73%	1.32%	64.76%

从表6-9中可以看出，科大讯飞的收入基本来自三大门类，包括开放平台及消费者业务、各类人工智能应用领域（如教育、城市、政法、汽车）以及智能服务。其中，开放平台及消费者业务仍是主要业务，占总营收的30%左右，毛利率为47.79%。相对于其他企业来说，这一毛利率水平属于很高的水平了，但在该企业的各类业务中，是毛利率仅高于智慧城市的倒数第二

位的业务。政法业务的毛利率达到了68.73%，说明科大讯飞在所处的细分领域中占据了较强的地位，具有较强的竞争优势。在教育、智能城市、政法、医疗等细分领域，科大讯飞都具备了较强的竞争力。

2. 科大讯飞财务数据分析

科大讯飞前几年的财务与收益数据情况，如表6-10所示。

表6-10　科大讯飞财务数据

时间	2018	2017	2016	2015	2014
每股收益（元）	0.27	0.33	0.37	0.34	0.47
净利润增长率	24.71%	-10.27%	13.9%	12.09%	36%
营业总收入（亿元）	79.17	54.45	33.2	25.01	17.75
每股净资产（元）	3.81	5.56	5.37	4.87	4.62
净资产收益率	6.94%	5.74%	7.5%	9.17%	10.79%

注：该股2014年、2017年年报有大比例送股、配股情况。

从科大讯飞的财务数据情况来看，可以获得以下几个事实。

第一，从科大讯飞历年的净利润增长数据可以看出，该股之前几年的净利润水平相对比较稳定，可能与其行业地位并不相符，其实，这与人工智能行业尚处于培育期有关。未来，随着人工智能行业的爆发式发展，净利润水平有望获得提升。

第二，从科大讯飞的营收来看，该企业的营收一直处于高速增长态势。不过，截至2018年年底，该企业的总营收规模不到80亿元，未来仍有很大的成长空间。

第三，从该股的净资产收益率水平来看，该股的净资产收益率最近几年都没有超过10%，并不是很理想的水平。

从财务角度来看，科大讯飞的质地只能算一般水平，并不突出。

3. 科大讯飞整体分析

从科大讯飞的财务报表可以看到，截至2018年年底，该公司的现金余额约为24亿元。对于一家营收接近80亿元的企业而言，这种现金余量还是相当不错的。截至2018年年底，该公司的应收账款接近34亿元，而预收账款为7.74亿元左右。两相对比来看，该公司对下游客户的控制能力还是相当好的。不过，应收账款有些高，尽管可能个别客户的项目存在延期支付的情况，但将近营收一半的应收账款还是存在着很大的财务风险。该公司每年的净利润在5亿元左右，而应收账款相当于该公司7年的净利润了。

截至2018年年底，该公司的商誉价值为11.22亿元，存在一定的风险。不过，这种商誉水平毕竟与企业积极扩张密不可分。最近几年科大讯飞对外投资了很多企业，不可避免地会产生一定的商誉。2018年度，该企业的研发费用为9.39亿元左右，属于研发投入较高的企业。当年的营销费用更是高达17.26亿元，这也是该公司产品毛利率很高，但净利润水平不高的原因所在。在AI领域，科大讯飞还是AI芯片独角兽寒武纪科技的最早投资方之一，也是AI"四小龙"之一的商汤科技的最早投资方之一，这些投资未来都可能为企业带来高额的回报。

从之前的盈利情况来看，科大讯飞的盈利能力非常不错，且以往年份的净利增速比较稳定，而且作为人工智能行业中掌握了核心技术的企业，科大讯飞未来的盈利有望保持高速。总之，该公司品牌优势比较明显，技术优势出众，但财务方面的风险仍值得警惕。

4. 科大讯飞估值分析

以2018年年底每股收益0.27元为基准，并以50%的净利润增长率计算，2019年的每股收益为0.41元，2020年仍可能会增长50%，则每股收益为0.62元。按照50倍市盈率来为股票估值，其2019年的股价预测值为20.5元。若该股的净利润增速能够达到50%，那么，该股50倍市盈率所对应的PEG值仅为1，属于比较合理的水平。其实，这一估值水平也充分考虑了该公司品牌与技术优势，以及财务风险之间的抵消关系。当然，若考虑A股市场上人工智能企业的稀缺性，给予该股一定的溢价，则最多只能给到70倍市盈率，股价预测值为28.7元。

科大讯飞的日K线走势情况如图6-11所示。

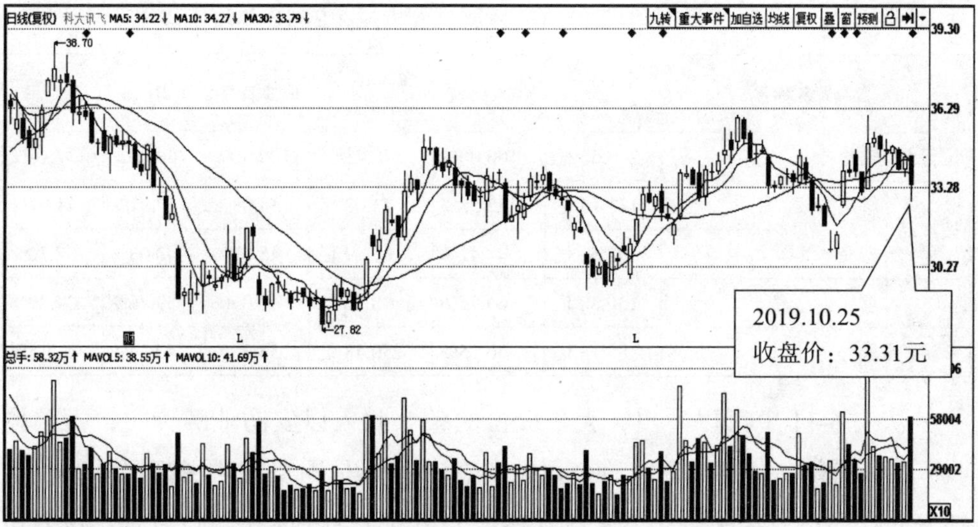

图 6-11 科大讯飞（002230）日 K 线走势图

2019 年科大讯飞随大盘的震荡出现了震荡行情。2019 年 10 月 25 日该股收盘于 33.31 元。通过之前对科大讯飞股价的估值分析可知，该股的合理价格区间应该在 20.5～28.7 元之间。也就是说，截至 2019 年 10 月下旬，科大讯飞的价格大幅高于预估价格的上限，说明市场上投资者对于人工智能行业的代表股票非常青睐。

四、AI+ 安防企业——大华股份

大华股份与海康威视同属 AI+ 安防企业的代表企业。由于之前在电子产品生产领域介绍过海康威视，这里重点介绍大华股份。

浙江大华技术股份有限公司是我国安防视频监控行业的龙头企业，主要产品为嵌入式 DVR。公司已形成音视频编解码算法技术、信息存储调用技术、集成电路应用技术、网络控制与传输技术、嵌入式开发技术五大核心技术平台，以及面向安防视频监控前沿领域的“大安防”产品架构。

1. 基本产品线与盈利构成

大华股份作为安防监控领域内的龙头企业之一，其收入主要来自安防视频的生产和服务业务。大华股份的产品销售与利润占比情况如表 6-11 所示。

表 6-11　大华股份的产品及收入构成（2018 年度）

业务名称		营业收入（元）	收入比例	营业成本（元）	成本比例	利润比例	毛利率
按行业	安防行业	236.66 亿	100.00%	148.71 亿	100.00%	100.00%	37.16%
按产品	解决方案	122.15 亿	55.58%	72.02 亿	54.03%	57.97%	41.04%
	产品	97.63 亿	44.42%	61.29 亿	45.97%	42.03%	37.22%
按地区	境内	150.88 亿	63.75%	98.23 亿	66.05%	59.86%	34.89%
	境外	85.78 亿	36.25%	50.48 亿	33.95%	40.14%	41.15%

从表 6-11 中可以看出，大华股份的整个收入以安防业务为主，占整体收入的 100%。也就是说，该公司的所有产品都是围绕安防视频展开的，包括安防产品以及相关解决方案。观察该公司的毛利率水平可以发现，该公司整体毛利率水平达到了 37.16%，境内市场的毛利率略高于境外市场。这说明该公司产品在国际上具有较强的竞争力，否则也不会有这么高的毛利率。

观察该公司的地区销售额占比可以发现，境外占比为 36.25%，这一方面说明该公司深度参与了国际协作，另一方面也说明该公司的业绩可能会受到国际贸易摩擦和汇率波动的影响。在 2019 年的中美贸易摩擦中，大华股份也一度受到波及。

2. 大华股份财务数据分析

大华股份前几年的财务与收益数据情况如表 6-12 所示。

表 6-12　大华股份财务数据

时间	2018	2017	2016	2015	2014
每股收益（元）	0.87	0.82	0.63	1.2	1.01
净利润增长率	6.34%	30.33%	33%	20.1%	1.04%
营业总收入（亿元）	236.66	188.44	133.29	100.78	73.32
每股净资产（元）	4.21	3.61	2.84	5.6	4.45
净资产收益率	22.16%	25.47%	24.8%	23.59%	24.44%

注：该股 2015 年年报有大比例送股、配股情况。

从大华股份的财务数据情况来看，可以获得以下几个事实。

第一，从大华股份历年的净利润增长数据可以看出，该公司之前几年的净利润增速出现了一些波动，但整体上仍是上涨的。2018 年，因国际局势的变化以及国内经济转型的影响，净利润增速出现了回落。不过，由于该公司整体技术优势非常明显，一旦外围环境改善，企业的业绩增长毫无问题，加之国内人工智能领域迎来大发展，都可能促进企业净利润的提升。

第二，从大华股份的营收来看，该企业的营收不到 240 亿元，相比同类的海康威视，还有很大的差距。同时，鉴于国内安防行业和人工智能产业还有很大的发展空间，企业营收还有很大的提升空间。

第三，从该股的净资产收益率水平来看，该股的净资产收益率一直都比较高，最近几年维持在 20% 左右，说明该企业是一个较佳的投资标的。

3. 大华股份整体分析

从大华股份的财务报表可以看到，截至 2018 年年底，该公司的现金余额约为 41 亿元。对于一家营收规模在 200 亿元以上的企业而言，这种现金余量还是可以的。截至 2018 年年底，该公司应收账款超过了 100 亿元，而预收账款只有 3.43 亿元，说明该公司对下游企业的控制能力并不是很强，存在一定的财务风险。对比海康威视可知，该公司的营收规模大约为海康威视的一半左右，但应收账款达到了海康威视的 60%，说明该企业面临的财务风险要大于海康威视。

截至 2018 年，该公司的存货为 30 亿元左右，也属于一般水平。查看该公司 2018 年的研发费用可知，该公司的年度研发费用为 22.8 亿元左右，研发投入规模非常大，这在一定程度上可以保证企业以后若干年的竞争力。

总体来说，该公司的资产质量较佳，属于较佳的投资标的，但整体质量弱于海康威视。

4. 大华股份估值分析

以 2018 年年底每股收益 0.87 元为基准，并以 10% 的净利润增长率计算（根据 2019 年年中报显示，该公司半年业绩增长率为 14.51%，年报 10% 的预期还是有可能达成的），2019 年的每股收益为 0.96 元，2020 年预期增长

10%，则每股收益为 1.06 元。若该股的净利润增速能够达到 10%，那么，该股 20 倍市盈率对应的 PEG 值为 2，属于一个可接受的水平。20 倍市盈率对应该股 2019 年的合理估值应该为 19.2 元左右。

大华股份的日 K 线走势情况如图 6-12 所示。

图 6-12 大华股份（002236）日 K 线走势图

大华股份的股价 2019 年上半年受中美贸易摩擦的影响出现了大幅走低行情。到了 2019 年 5 月 24 日，该股股价创下 12.1 元的阶段低点后开始震荡上升行情。2019 年 10 月 25 日该股股价收盘于 16 元。通过之前对该股股价分析可知，该股的合理价位应该在 19.2 元左右。也就是说，该股当前存在一定低估。这与该公司被美国列入实体清单，市场对其存在一定的担忧有关。若该股的外围隐患能够排除，未来股价肯定会回到估值价格以上的水平。

第五节 5G 行业投资逻辑

5G 是第五代移动通信技术的简称，是继 2G、3G 和 4G 系统之后的新一代蜂窝移动通信技术。5G 通信的最大特点是高速、少延迟、节能、低成本、大容量以及能够与大规模设备相连接。进入 5G 时代后，手机或移动通信终端将会与更多的物品相连接，真正实现万物互联。5G 的大规模商用其实与大数据、云计算、物联网等相关产业的发展是同步的，也正是其他产业对数据流量的需求大幅提升，反过来刺激了 5G 的加速布局。

一、5G 行业竞争分析

5G 商用后，将会极大地促进和带动相关产业的发展，并拉动整个社会 GDP 水平的提升。据中国信息通信研究院《5G 经济社会影响白皮书》预测：从产出规模看，2030 年 5G 带动的直接产出和间接产出将分别达到 6.3 万亿元和 10.6 万亿元。

1. 5G 产业链

从整体来看，5G 产业链可以划分为 3 个层面，即上游移动通信基础设施、中游移动通信服务商、下游终端及应用场景，如图 6-13 所示。

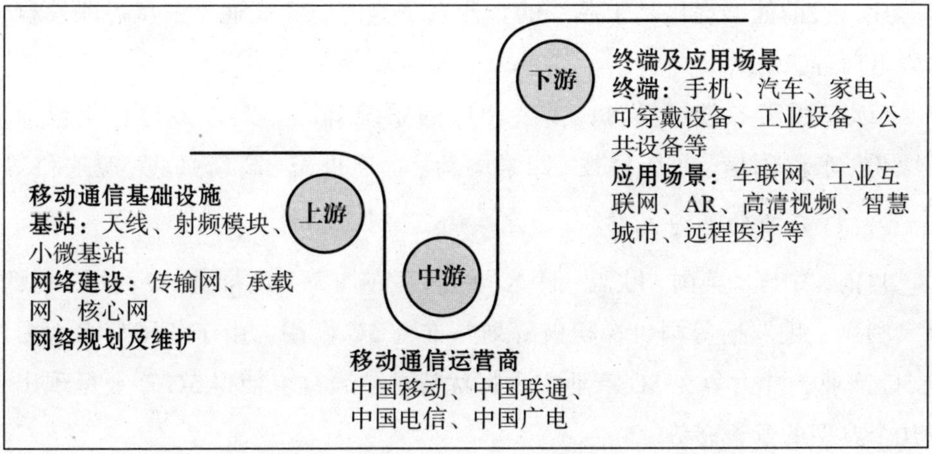

图 6-13　5G 产业链分布

（1）移动通信基础设施。

该领域主要涵盖基站、网络建设和网络规划及维护 3 个子领域。

基站子领域中又分为天线、射频模块和小微基站 3 部分业务，主要参与企业包括华为、通宇通讯、盛路通信、信维通信、麦捷科技、武汉凡谷、邦讯技术等。未来还会有更多的企业参与到该领域之中。

在网络建设子领域中，包括传输网、承载网和核心网等。参与企业包括华为、中兴通讯、烽火通信、光迅科技、大富科技、长飞光纤、中天科技、新易盛、天孚通信等。

在网络规划子领域中，参与企业包括三维通信、华星创业、日海智能、中富通等。

（2）移动通信运营商。

移动通信运营目前由 4 个拿到 5G 运营牌照的企业组成，包括中国移动、中国联通、中国电信以及中国广电。

（3）终端及应用场景。

在终端方面，主要应用于手机、汽车、家电、可穿戴装备、工业设备以及公共设备。当然，随着 5G 的发展，未来可能会有更多的终端能够使用 5G。该领域的参与企业包括华为、中兴、小米等。无论何种终端都离不开基带芯片，目前能够提供基带芯片的企业有华为海思、高通、三星、联发科、大唐电信等。

5G 应用于各类场景时，需要相应的系统解决方案，参与企业包括紫光股份、东方国信、北纬科技、四维图新、宜通世纪、高新兴、天源迪科等。

2. 5G 产业的竞争态势

目前，中国、美国、欧盟、日本、韩国都在加大力度推进 5G 商用。巴西、澳大利亚、俄罗斯等国也在积极筹划并推进 5G 商用。由于各国都在大力发展 5G 产业，并力争在 5G 产业中占据优势地位，这就使得 5G 产业呈现出如下几个典型的竞争态势。

第一，尽管很多国家都在推进 5G 商用，但真正拥有整套 5G 技术并能够布局 5G 通信系统的企业并不多。目前市场上比较有竞争力的 5G 企业包括华为、中兴、诺基亚、爱立信以及三星等为数不多的几家。这些企业的背后往往会有相当多的提供元器件或软硬件支持的企业，这就构成了一个个独立的生态系统。这些企业竞争的背后，还是各家生态系统之间的竞争。华为在 5G 技术方面拥有相当大的竞争优势，因此，市场上的资金才会青睐华为概念。

第二，尽管 5G 商用刚刚起步，但各大巨头企业纷纷入场布局，目前 5G 的各个细分领域已经开始显露出明显的集中趋势。未来，留给新兴企业的空间越来越小。当然，5G 启动后势必会诞生一些新的行业，这些行业往往会成为创业者的乐土。不过，从以往的经验来看，当一个新兴的，比较具有潜力的行业产生后，资本巨头就会迅速入局。因此，对于中小企业来说，未来的竞争形势不容乐观。

第三，掌握技术主动权的企业往往会获得更强的话语权。尽管 5G 商用后将会推动相关产业的发展，但 5G 行业中很多核心模块都具有强大的技术壁垒，因而任何机遇都不会平均分配到每个企业的头上，只有那些技术出众的企业才能获得更好的发展空间和机会。

3. 5G 产业发展趋势

5G 商用布局时间不久，但各大厂商在相关技术储备方面布局已久，因而，在这场准备充足的竞赛中，呈现出如下几个典型的发展趋势。

第一，多个国家纷纷入局，都希望加速 5G 网络的布局与建设，因而为 5G 设备商提供了占有市场份额的机会。未来，随着 5G 建设热潮的来临，各主要设备商的竞争将会更加激烈。在这场竞争中，华为因握有丰厚的技术储备，因而有望继续保持领先优势。中兴具有性价比高的优点，也很容易获得客户的青睐。

第二，各大主要设备商将会围绕 5G 行业标准的制定展开更加激烈的争夺。毕竟谁掌握了行业标准的制定权，谁就更容易在竞争中胜出。

第三，5G 网络将会更加广泛地应用于生产、生活中，也将会与物联网、家电、可穿戴设备等各种终端更加紧密地融合。

二、5G 企业投资逻辑

每次通信行业的升级换代，受益方总是先从设备商开始，然后才会传递到运营商，最后到应用层面的企业。在分析 5G 行业的投资逻辑时，也可以遵循这样的逻辑。

第一，主设备商肯定是最先受益的对象。网上见到的 5G 商用行动，都是从自主设备商签订 5G 合同开始的。目前，从全球来看，华为拿到了最多的 5G 商用合同，而且其 5G 份额几乎可以占到国内 5G 市场容量的一半以上。国内企业中，除了华为就是中兴，中兴占有国内市场份额的 3 成左右。这两家企业将是最先受益，也是受益最大的企业。

第二，在 5G 网络建设中，基站是不可或缺的，基站天线以及滤波器都是必备元器件。随着 5G 网络的逐渐铺开，基站天线及滤波器的需求必然会随之放大，因而生产基站天线及滤波器的企业将会直接受益。代表性标的包括通宇通讯、信维通信、盛路通信以及麦捷科技等。

第三，光纤光缆是 5G 通信行业不可或缺的产品。目前，国内市场生产光纤光缆的光棒自给率在 90% 左右，仍需要从国外进口一部分光棒。随着 5G 网络的部署，对光纤光缆的需求将会大增，国内光棒的缺口将会进一步放大。光棒产能的提升最少也需要 18 个月以上，而且伴随着投资高、投资回收期长的特点，目前这一产能缺口短期内还可能无法弥补。投资者可重点关注亨通光电、长飞光纤、中天科技以及烽火通信等企业。

三、5G 行业主设备商——中兴通讯

中兴通讯是国内市场 5G 主设备商，也是国际市场 5G 行业竞争的主要参与者。中兴通讯股份有限公司是全球领先的综合性通信制造业上市公司和全球通信解决方案提供商之一。该公司主要从事生产程控交换系统、多媒体通信系统、通信传输系统，研制、生产移动通信系统设备，卫星通信、微波通信设备，寻呼机、计算机软硬件、闭路电视、微波通信、信号自动控制、计算机信息处理、过程监控系统、防灾报警系统等项目的技术设计、开发、咨询、服务等业务。

1. 基本产品线与盈利构成

中兴通讯作为一家以通信设备制造为代表的企业，其收入主要来自运营商网络、消费者业务、政企业务等方面。中兴通讯的产品销售与利润占比情况如表 6-13 所示。

表 6-13　中兴通讯的产品及收入构成（2018 年度）

业务名称		营业收入（元）	收入比例	营业成本（元）	成本比例	利润比例	毛利率
按行业	通信设备类制造行业	855.13 亿	100.00%	573.68 亿	100.00%	100.00%	32.91%
按产品	运营商网络	570.76 亿	66.75%	340.36 亿	59.33%	81.86%	40.37%
	消费者业务	192.10 亿	22.46%	168.03 亿	29.29%	8.55%	12.53%
	政企业务	92.28 亿	10.79%	65.29 亿	11.38%	9.59%	29.24%
按地区	国内	544.44 亿	63.67%	337.21 亿	58.78%	73.63%	38.06%
	国外	310.69 亿	36.33%	236.46 亿	41.22%	26.37%	23.89%

从表 6-13 中可以看出，中兴通讯的收入全部来自三大门类，包括运营商网络、消费者业务、政企业务。其中，运营商网络收入占比达到了 66.75%，毛利率高达 40.37%，该项业务涵盖了运营商网络业务以及 5G 业务等。消费者业务主要包括手机业务和家庭信息终端、宽带终端等业务，该项业务的毛利率仅为 12.53%，可见该行业竞争非常激烈。政企业务的营收占比相对较低，主要聚焦于公共安全、交通、能源、金融行业等业务。

从销售地区来看，国外市场销售额占比达到了 36.33%。这一方面说明企业具有较强的竞争力，能够与国外企业竞争；另一方面也说明企业的经营情况可能会受到国际政治、经济局势的影响，同时还会受到汇率波动的影响。

从该公司的整体毛利率情况来看，企业的平均毛利率为 32.91%，属于一般水平。当然，这与手机业务毛利率较低有关。未来，随着 5G 网络建设的推进，该公司的毛利率有望获得提升。

2. 中兴通讯财务数据说明

中兴通讯前几年的财务与收益数据情况如表 6-14 所示。

表 6-14　中兴通讯财务数据

时间	2018	2017	2016	2015	2014
每股收益（元）	−1.67	1.09	−0.57	0.78	0.77
净利润增长率	−252.88%	293.78%	−173.49%	21.81%	93.98%
营业总收入（亿元）	855.13	1088.15	1012.33	1001.86	814.71
每股净资产（元）	5.46	7.55	6.31	7.15	7.24
净资产收益率	−26.1%	15.74%	−8.4%	12.28%	11.1%

从中兴通讯的财务数据情况来看，可以获得如下几个事实。

第一，从中兴通讯历年的净利润增长数据可以看出，该股前几年的净利润水平出现了较大波动，这与企业面对的国际形势有关。该公司最近几年连续两次被美国政府制裁，并被出具了巨额罚单，致使公司净利润出现大幅亏损。

第二，从中兴通讯的营收来看，该企业的营收在最近几年开始出现停滞现象。总收入突破 1 000 亿元后，反而出现了下滑，这与美国的制裁有关。2018 年，美国政府对中兴进行制裁，直接导致企业一度出现休克状态，很多业务无法运营和开展。

第三，从该股的净资产收益率水平来看，由于净利水平波动幅度较大，使得净资产收益率也出现了异常波动，这就使得投资者很难通过净资产收益率来评估企业的价值。

3. 中兴通讯整体分析

从中兴通讯的财务报表可以看到，截至 2018 年年底，该公司现金余额约为 242 亿元。对于一家营收接近 1 000 亿元的企业而言，这种现金余量还是不错的，特别是考虑企业所经历的挫折。截至 2018 年年底，该公司的应收账款接近 216 亿元，而预收账款为 0，这与美国制裁直接相关。

截至 2018 年年底，该公司的商誉价值为 1.86 亿元，对于接近 1 000 亿元营收的企业而言，这点儿商誉可以忽略不计。2018 年度，该企业的研发费用接近 110 亿元，属于研发投入较高的企业。当年的营销费用也高达 90 亿元，说明该公司在研发方面高投入的同时，也在对营销方面进行高投入。截至2018年底，该公司的资产负债率已经接近75%，这是一个非常危险的水平，应该引起投资者的注意。

从中兴通讯的资产情况来看，该公司的资产质量尚可，只是资产负债率太高了。与此同时，从美国政府对其实施的制裁来看，该企业存在自身核心技术储备不足的情况，一旦在核心元器件和技术方面被断供，将会陷入“休克”的境地。当然，这也为企业的发展敲响了警钟，相信未来中兴通讯会更加关注自身技术的积累，把命运掌握在自己的手里。毕竟核心技术掌握在别人手里的企业，只能把企业做大，但永远做不强。

4. 中兴通讯估值分析

按照之前的分析方法，很难对中兴通讯进行估值，毕竟两次制裁都属于突发情况，并不是正常经营活动产生的结果。

直接以2019年的年中报0.35元为基准进行测算，至2019年年底，该股的每股收益大约为1.2元（该股处于净利修复期，下半年增速会非常高），2020年仍可能增长30%，则每股收益为1.56元。按照30倍市盈率来为股票估值，其2019年的股价预测值为36元。若该股的净利润增速能够达到30%，那么，该股30倍市盈率对应的PEG值仅为1，属于比较合理的水平。其实，这一估值水平也充分考虑了该公司属于5G行业的热门标的，以及该公司可能面临的国际政治、经济风险。

中兴通讯的日K线走势情况如图6-14所示。

2019年，中兴通讯在大盘的震荡和中美贸易摩擦的影响下出现了震荡行情。2019年10月28日该股收盘于33.64元。通过之前对中兴通讯股价的估值分析可知，该股的合理价格应该在36元左右。也就是说，截至2019年10月下旬，中兴通讯的价格略低于预估价格，说明市场上投资者对中兴通讯存在一定的疑虑。

作为较大的5G主设备商在A股市场的代表，中兴通讯总是会吸引投资者的注意，而且自身盈利能力确实较强。前面分析过，该股的隐患也很大，投资者在投资该股时，需要做好风险防控。

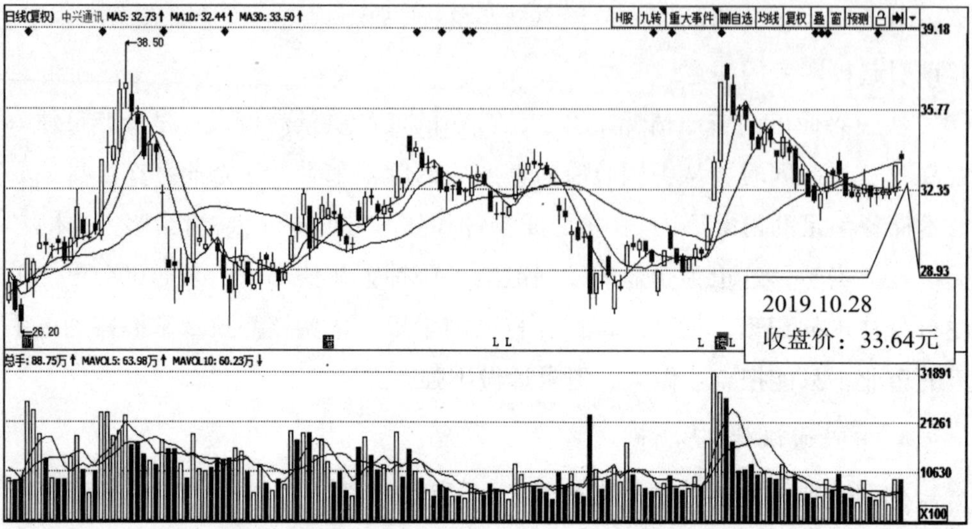

图 6-14　中兴通讯（000063）日 K 线走势图

四、5G 元器件供应商——天孚通信

天孚通信是 5G 行业中比较典型的光器件生产与销售企业。随着 5G 时代的来临，光通信产业将会步入上升通道。

苏州天孚光通信股份有限公司的主营业务是光通信领域光器件的研发、生产和销售。公司主要产品包括陶瓷套管、光纤适配器、光收发接口组件、隔离器、高密度线缆连接器、高速率 OSA 光器件等。

1. 基本产品线与盈利构成

天孚通信作为一家以光通信元器件制造为代表的企业，其收入主要来自各类光通信元器件产品的生产和销售。天孚通信的产品销售与利润占比情况如表 6-15 所示。

从表 6-15 中可以看出，天孚通信的全部收入来自两类，包括光无源器件、光有源器件。其中，光无源器件收入占比达到了 89.81%，毛利率高达 53.01%。从某种意义上来说，光无源器件更适应未来 5G 发展的需要，也是未来的主要发展方向；光有源器件的占比仅为 10.19%，毛利率也大幅低于无源器件。

表 6-15　天孚通信的产品及收入构成（2018 年度）

<table>
<tr><th colspan="2">业务名称</th><th>营业收入（元）</th><th>收入比例</th><th>营业成本（元）</th><th>成本比例</th><th>利润比例</th><th>毛利率</th></tr>
<tr><td>按行业</td><td>光通信元器件</td><td>4.36 亿</td><td>100.00%</td><td>2.12 亿</td><td>100.00%</td><td>100.00%</td><td>51.33%</td></tr>
<tr><td rowspan="2">按产品</td><td>光无源器件</td><td>3.91 亿</td><td>89.81%</td><td>1.84 亿</td><td>86.71%</td><td>92.76%</td><td>53.01%</td></tr>
<tr><td>光有源器件</td><td>4 439.79 万</td><td>10.19%</td><td>2 819.35 万</td><td>13.29%</td><td>7.24%</td><td>36.50%</td></tr>
<tr><td rowspan="2">按地区</td><td>境内</td><td>2.95 亿</td><td>66.72%</td><td>1.60 亿</td><td>73.95%</td><td>59.85%</td><td>45.99%</td></tr>
<tr><td>境外</td><td>1.47 亿</td><td>33.28%</td><td>5 621.91 万</td><td>26.05%</td><td>40.15%</td><td>61.86%</td></tr>
</table>

从销售地区来看，境外占比达到了 33.28%。这一方面说明企业具有较强的竞争力，能够与国外企业正面竞争；另一方面也说明企业的经营情况可能会受到国际政治、经济局势的影响，同时还会受到汇率波动的影响。

从该公司整体毛利率情况来看，企业的平均毛利率为 51.33%，属于较高水平。未来，随着 5G 网络建设的推进，该公司的光通信元器件有望获得更大的发展空间。

2. 天孚通信财务数据分析

天孚通信前几年的财务与收益数据情况如表 6-16 所示。

表 6-16　天孚通信财务数据

时间	2018	2017	2016	2015	2014
每股收益（元）	0.71	0.6	0.65	1.44	1.5
净利润增长率	21.84%	–8.51%	17.73%	16.45%	53.14%
营业总收入（亿元）	4.43	3.38	3.1	2.37	2.01
每股净资产（元）	5.38	4.35	4.07	9.11	5.51
净资产收益率	14.84%	14.39%	17.04%	17.4%	31.08%

注：2015 年年报有大幅送股、配股情况。

从天孚通信的财务数据情况来看，可以获得如下几个事实。

第一，从天孚通信历年的净利润增长数据可以看出，尽管在 2017 年出现了一定幅度的下滑，但从整体上来看，该企业的净利润水平一直呈较快的增长态势。其实，这也反映了光通信行业的整体发展趋势。

第二，从天孚通信的营收来看，该企业的营收从最近几年开始增长较快，但总体上仍处于较低水平。2018 年的总收入仅为 4.43 亿元，未来仍有很大的发展空间。

第三，从该股的净资产收益率水平来看，由于净利润水平波动幅度较小，整体上处于接近 15% 的优秀水平。

从整体来看，该股质地较佳，属于较好的投资标的。

3. 天孚通信整体分析

从天孚通信的财务报表中可以看到，截至 2018 年年底，该公司的现金余额为 1.49 亿元。对于一家营收只有 4.43 亿元的企业而言，这种现金余量还是不错的。截至 2018 年年底，该公司的应收账款接近 1.29 亿元，而预收账款仅为 407 万元，这并不是理想的状态。1.29 亿元的应收账款几乎相当于企业一年的净利润。

2018 年度，该企业的研发费用约为 4 000 万元，考虑企业的营收总规模在 4 亿元的水平，这种研发投入已经属于较高的水平了。特别是考虑该公司的销售费用仅为 900 万元，那么研发费用的投入是很不错的。

从天孚通信的资产情况来看，该公司的资产质量尚可，资产负债率不到 15%。不过，该公司的营收规模较小，承受风险的能力相对较弱。与此同时，随着该公司新生产线的投产，企业的营收规模将会加速放大，但也存在开工不足的风险。

随着 5G 网络的部署，天孚通信的业绩有望进一步提升。

4. 天孚通信估值分析

以 2018 年年底每股收益 0.71 元为基准，并以 30% 的净利润增长率计算，2019 年的每股收益为 0.92 元，2020 年仍可能会增长 30%，则每股收益为 1.2 元。按照 30 倍市盈率来为股票估值，其 2019 年的股价预测值为 27.6 元。若该股净利润增速能够达到 30%，那么，该股 30 倍市盈率对应的 PEG 值仅为 1，属于比较合理的水平。其实，考虑光通信行业在 5G 时代的巨大潜力，将该股的市盈率放大至 40 倍，对应的 PEG 值也仅为 1.33，也是可接受的水平。

当该股市盈率为 40 倍时，则该股的估值为 36.8 元。

天孚通信的日 K 线走势情况如图 6-15 所示。

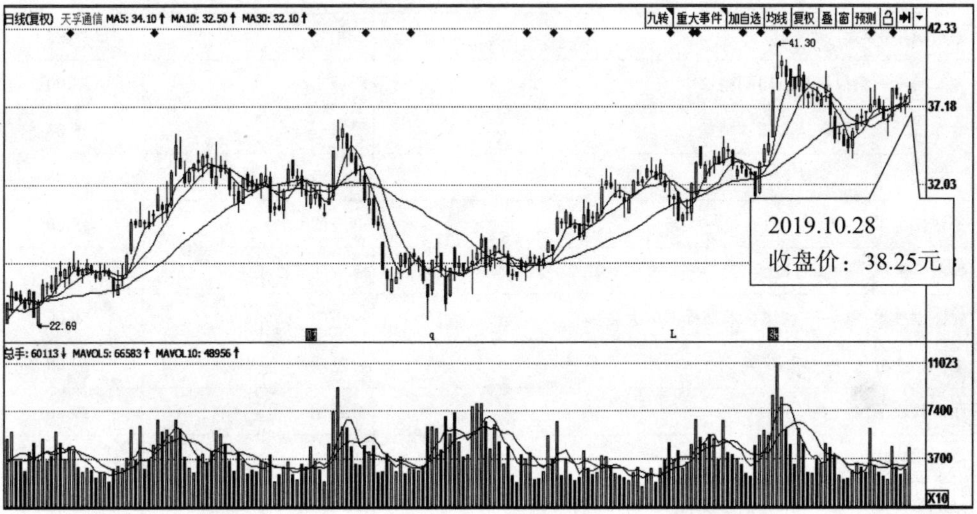

图 6–15　天孚通信（300394）日 K 线走势图

2019 年天孚通信随大盘的震荡出现了震荡行情。2019 年 10 月 28 日该股收盘于 38.25 元。通过前面对天孚通信股价的估值分析可知，该股的合理价格区间应该在 27.6～36.8 元之间。也就是说，截至 2019 年 10 月下旬，天孚通信的价格要高于预估价格的上限，这也说明市场上投资者对于光通信行业和 5G 行业的热烈追捧。

投资理财类书目

书名	作者	定价（元）
股市擒牛 15 式	李星飞	38.00
零基础学股票投资从入门到精通	股震子	58.00
零基础学基金投资从入门到精通	股震子	48.00
零基础学期货投资从入门到精通	刘振清	59.00
短线操盘术	麻道明	59.00
看图学 K 线——实用 K 线图解大全	麻道明	69.00
看图学技术指标——实用技术指标图解大全	麻道明	59.00
阳线核心战法	麻道明	59.00
阴线核心战法	麻道明	59.00
K 线实战技术分析	张文	48.00
选对保险避开坑——保险业务员不会告诉你的事	周小树	52.00
从零开始学炒股：波浪理论	股震子	42.00
从零开始学炒股：道氏理论	股震子	42.00
教你炒股票：缠论精解与实战应用	培峰	58.00
强势股操盘技术入门与精解	股震子	38.00
股市交易圣典	谢锐	58.00
八大涨停板战法	马重祥　马　超	38.00
涨停起爆战法	马重祥　马　超	38.00
成长股操盘技术入门与实战精解	股震子	35.00
从零开始学炒股：背驰操盘术	黄凤祁	48.00
从零开始学炒股：MACD操盘术	黄凤祁	48.00
外汇交易精解	邢孝寒	58.00
选出大牛股——波浪理论实战技巧	戈　岩	48.00
四大经典技术指标必胜术	戈　岩	48.00
一把直尺闯天下——股票操作中的画线方法与应用技巧	戈　岩	48.00
精准把握买卖点	戈　岩	48.00
成交量核心技术	金　铁	45.00

续表

书名	作者	定价（元）
主力行为分析核心技术	金　铁	45.00
金属期货	付上金	58.00
玩转大非农——黄金、外汇、原油非农行情实战技法	刘堂鑫	49.00
波段交易技术入门与技巧	黄金磊	38.00
涨停板交易技术入门与技巧	郭晓静	38.00
财务指标解析与实战	曹明成　谭　文	29.80
RSI指标入门与实战精解	刘振清	35.00
股价结构：波浪与形态	华　强	35.00
神秘均线擒牛股——股市南山兵法	周国夫	32.00
从零开始学看盘	付　刚	58.00
盘口分时图核心技术	金　铁	45.00
K线图核心技术	金　铁	45.00
均线核心技术	金　铁	45.00
缠中说禅：教你炒股票（解盘答问篇）（上、下）	培　峰	108.00
趋势交易实战——象限四度交易法	张文义	42.00
孝寒点位交易法	邢孝寒	38.00
新股民炒股全攻略	黄　金	58.00
涨停盘口定式	曹明成　谭　文	38.00
短线炒股必杀技	曹明成　谭　文	38.00
成交量分析入门与实战精解	刘振清	35.00
分时图分析入门与实战精解	刘振清	35.00
均线指标入门与实战精解	刘振清	35.00
宝塔线指标入门与实战精解	刘振清	35.00
筹码分布技术入门与实战精解	刘振清	35.00
现货石油交易实战宝典	张耿豪　饶　斌	38.00
股市晴雨表	[美]威廉·P.汉密尔顿	36.00
农产品期货	付上金	58.00

续表

书名	作者	定价（元）
教你炒股票：缠论与K线分析技术	培　峰	48.00
短线炒股全攻略	付　刚	49.00
磁区理论点评升级版	江南小隐	38.00
分时图必杀技	曹明成　谭　文	38.00
龙头股必杀技	曹明成　谭　文	38.00
三步掌握波段买卖	曹明成　谭　文	38.00
黑马捕捉术	曹明成　谭　文	36.00
阴阳K线的奥秘	曹明成　谭　文	38.00
相对波浪理论	唐桂华	42.00
波段操盘秘法	何瑞东	38.00
布林线指标入门与实战精解	刘振清	35.00
MACD指标入门与实战精解	刘振清	35.00
KDJ指标入门与实战精解	刘振清	35.00
一本书读懂互联网投资理财	蔡余杰	38.00
玩转技术指标：九种技术指标精讲	金　铁	45.00
新手学炒股快速入门与技巧	刘振清	38.00
银行理财产品全攻略	薄志红	35.00
决战牛熊：股市获利之道	曹明成　谭　文	35.00
短线出击：股市快速获利核心战术	麻道明	49.00
聚沙成塔：T+0交易绝杀技	江南小隐	35.00
短线实战操盘技巧	伟　晴	42.00
一买就涨——买在底部的101个起涨信号	付　刚	38.00
一卖就赚——卖在顶部的123个卖出信号	刘　平	38.00
短线追涨与低吸技术	金　铁	38.00
实战交易密码之走向盈利	陈志文	45.00
量价关系精要	徐子城	28.00
股票画线技术入门与技巧	刘振清	38.00